移商崛起

天搜科技 · 著

移动互联网赋能传统商业升级

電子工業出版社
Publishing House of Electronics Industry
北京 • BEIJING

图书在版编目（CIP）数据

移商崛起 / 天搜科技著. —北京：电子工业出版社，2018.9

ISBN 978-7-121-34865-5

Ⅰ.①移… Ⅱ.①天… Ⅲ.①移动电子商务 Ⅳ.①F713.36

中国版本图书馆CIP数据核字（2018）第183269号

策划编辑：于　兰
责任编辑：于　兰
特约编辑：华　睿
印　　刷：三河市鑫金马印装有限公司
装　　订：三河市鑫金马印装有限公司
出版发行：电子工业出版社
北京市海淀区万寿路173信箱　　邮编：100036
开　　本：720×1000　1/16　印张：13.25　字数：169千字
版　　次：2018年9月第1版
印　　次：2018年9月第1次印刷
定　　价：48.00元

凡所购买电子工业出版社图书有缺损问题，请向购买书店调换。若书店售缺，请与本社发行部联系，联系及邮购电话：（010）88254888，88258888。

质量投诉请发邮件至zlts@phei.com.cn，盗版侵权举报请发邮件至dbqq@phei.com.cn。

本书咨询联系方式：QQ1069038421　yul@phei.com.cn

序_1
Preface

一股改变商业格局的全新力量

在全球商业发展的浩瀚历史进程中，不同的阶段总会有不同的奇特力量不断改变人类对商业的认知。我们所处的社会和环境，也因为各种变革而变得更加文明和美好。庆幸的是，我们成为引导变革的一分子，即使是微不足道，也期待如蝴蝶效应般能影响不可知的未来。可以说，《移商崛起》这本书承载了我们的坚持和梦想，以及对这个变革世界的一些理解。

在我看来，这本书的出版选择了一个非常合适的时间和契机。它的出版时间刚好是天搜公司成立13周年之际，以此书作为载体总结一家坚持了13年的互联网公司对于互联网产业的一些理解和思考，与关心产业发展、关心天搜的朋友一起分享，是一件非常有意义的事。

进入2018年，不论是互联网产业还是我们自己，都面临着全新的发展契机，每个个体和组织都怀着比以往更开放的姿态去拥抱产业，去享受时代赋能所带来的无尽动力。

天搜于2005年2月成立，彼时中国互联网发展方兴未艾，如火山正储存能量呈喷而待发之势，现在如日中天的BAT三巨头当时仍处于与国外巨头厮杀状态：腾讯刚登陆香港股市不久，正在狙击微软MSN；淘宝刚推出两年，正在跟eBay恶战，支付宝还只是依托于淘宝的一个工具；百度搜索正在面对谷歌中国的威胁，那时大多数人还不知道人工智能、无人驾驶为何物。创办360公司之前，周鸿祎先生为解决中国人中文上网这个需求而推出了3721“网络实名”，一度有取代百度搜索之势。而后来雅虎的收购之举并没有成就雅虎，反而造就了360公司在2005年的诞生；成功打造卓越网并卖给亚马逊而早早实现财务自由的雷军先生，也在寻找下一个机会……以“上帝”视角看这时期的中国，正是百花齐放、英雄辈出的时代，而天搜公司正诞生于那个中国互联网即将走向荣耀繁荣的早期。

海尔集团董事长张瑞敏先生在2012年一次演讲中讲道：“没有成功的企业，只有时代的企业”，我觉得这句话来回答“天搜是一家什么样的公司”最为合适。在这个创业公司平均生命周期只有不到三个月的时代，虽然我们已经打破“互联网公司三年死亡论”的魔咒，但还谈不上成功。如果一定要说哪里成功，我愿意形容为，天搜是一家紧跟时代步伐的公司。只要时代是对的，那么我们犯错的概率就会大幅度减少，从而持续生存下去。我们视企业的生存和发展为第一要素，在此基础上，我们这13年只做一件事情，就是全力打造一个新的商业群体和商业形态：移商。这也是本书重点去诠释的“移商新物种”，这个新物种承载的使命就是赋能现在和未来的商业升级。

关于移商新物种，书中有详细阐述，我觉得可以从下面两个维度理解。

一是利用移动终端开展商业活动的群体。移动终端就是手机、平板等可移动设备。2005年我们就曾预测商业发展的趋势是从PC端转移到移动端，现实已经证实了这个预测：2017年天猫“双十一”近1682亿元的交易中，移动端占比超过90%，而移动支付是主流的支付方式。这个创造了数千万亿商业规模的群体，就是我们称之为“移商”的群体。

二是移动互联网时代的商业变革。商业因移动而改变，这是不争的事实。站在时代进化角度，从传统商业时代到互联网时代，再到移动互联网时代，直到如今产业互联网时代这一系列历程，移动时代是变革的核心节点。移动互联网的普及，从空间到时间都对传统商业进行了“换髓”式的改造，商业从此不再受时空限制。就如本书中谈到的“24小时不打烊”的商店，一家网店是没有时间空间限制的，理论上它的品类可以无限增加，这对于实体店来说是无法想象的。

移动互联网，就像一根手指，将阻碍商业发展的最后一层窗户纸捅破。商业，如欢快跳动的节拍一般扩散。随之而来的物联网、人工智能、大数据、云协作等又从技术层面，推动已被移动互联网解放的商业，不断触及新的高度。如果你问，今天的商业发展还有没有天花板？我的回答是没有，就像罗振宇跨年演讲中提到的一个案例，一个问世不到两年的旅行箱品牌90分，居然打败了拥有百年历史的知名箱包品牌新秀丽。

把这样一个移动着、变革着的商业变为现实，并且达到更高维度，也是我们的使命之一。

个人认为这本书的看点有以下四点。

第一，认知重于经验。这是一家创业13年的科技公司对互联网产业的认知，而非经验之谈。这13年对于漫长的时代长河而言，只是一个小小的浪花，并无三十年激荡之风起云涌。既然只是互联网历史中的一个节点，那就谈不上经验，我们更强调认知重于经验。在互联网这个产业，其实无经验可谈，毕竟变化实在太快。即使马云来讲运作“双十一”的成功经验，也没有实质性的参考价值。因为你无法复制“双十一”，关键还在于你通过“双十一”得到什么认知帮助你看清这个产业和你自己。我们更多希望通过这本书去启发大家思考。比如书中提到一个“用户力”，用户的力量究竟能改变我们什么？诸如此类，可能其中一个点你想透了，就能大幅度提升对世界的认知能力。

第二，浓缩的才是精华。我们习惯用“海洋”来形容知识容量，而“得到”App深谙当下用户希望快速获取知识的焦虑，于是它提供的是精华的知识产品。一位知名教授的课程提炼成若干不到三十分钟的模块，售价不到200元，却能获得单个课程过十万人的付费订阅。书中关于移商的叙述，提到大量认知，比如“无边界”的商业世界、“快更迭”的产品等，其中任何一个认知都可以找到大量专门论述的书籍。我们希望把众多繁杂信息浓缩到这本书里，起到“精华”效应。就像企业发展过程中，很多时候无法快速判断一个新生物种的对与错，能做的是在可控速度内判断它是否有利于企业发展。如果答案肯定，我们就愿意用最快速度去尝试，和产品做快速叠合。毕竟，有时候试错成本会远低于花大量精力去研究的时间成本。

第三，未来提前抵达。书中重点描述了未来世界畅想，我认为未来商业一定是技术化的商业。现在软硬件等各种基础设施的发展已经让未来技术提前抵达。1965年英特尔公司创始人之一戈登·摩尔（Gordon Moore）提出著名的“摩尔定律”，意思是每1美元所能买到的电脑性能，每隔18 ~ 24个月将翻1倍以上。摩尔定律提出后半个世纪，芯片发展验证了摩尔定律的预测。硬件处理能力的不断提升以及价格的不断下降，催生技术快速迭代。在我们还没有准备好的情况下，人工智能来临，机器人生产出现，超级技术正在不断改造商业基因。

第四，你需要什么？纵观本书阐述的观点，最终解决的问题是：你在这个时代，到底需要什么？你的困惑在哪里，答案就在哪里。比如你对时间存在困惑，就可以在书中寻找答案。关于时间的焦虑正影响着我们对未来的定义，以前一天是按部就班地度过，吃饭是吃饭，工作是工作，睡觉是睡觉，不存在时间重叠。而现在，今日头条占据你很多碎片时间，手机淘宝让你随时可以查看喜欢的商品，我们发现时间已经不再有序排列，而是重叠在一起。对于商业来说，就需要考虑如何抓住用户的碎片化时间。

从2005到2018年，如果要寻找一个持久探寻互联网产业的公司范本，无论是BAT还是小米，这些代表中国互联网符号的企业，已经成为难以超越的经典。对于更多创业者而言，或许天搜这家经历了整个中国移动互联网历程的企业才更具有普遍性和实际范本意义。这本书阐述的正是我们对这个产业的理解，这些认知恰是支撑我们十多年发展的思想根基，可能也是大家读完这本书的真正价值所在。

最后，非常感谢在本书的出版过程中给予帮助和指导的朋友们，在创作团队付出的努力下，共同促成本书的诞生，这是一个开始，但远远还未结束。

浙江天搜科技股份有限公司副董事长、

浙江赢在移商研究院副院长　何曙光

2018年2月写于杭州

序_ Preface 2

移商的未来藏着一座火山

今天，我们谈论互联网时，潜意识里会在前面加上“移动”二字。正是这两个字，把每个人变成新时空中的连接点，交织变化出不同形状的移商新物种，爆发出强大生命力，改变你我，甚至改变时代轨迹。

我们周围，目前单纯通过电脑上网的行为，可能十个里还剩一个，而这一个往往是工作需要。无论你在城市还是乡村，无论你是老人还是少年，充满亲和力的移动互联网，是天生的社交好手，不会因为你的贫穷、你的年长、你的害羞、你的少言、你的不良情绪而躲避，从而减少覆盖密度。这张网就是这么霸道，就是这么密集，哪怕那个地方只有一个人，也要把网织到。极具密度的移动互联网，渗透进吃穿住行娱，以各种花样干预消费生活，我们也越来越习惯它的霸道，甚至变得缺它不可。

如果说移动互联网的密度以霸道式温柔激活了消费者这座火山，那么它的广泛切入维度则赋予了主动参与的商家无穷的新能量。跳脱出固有框架，商家与消费者不仅仅是买卖关系，还可以是交换关系、情人关系、师生关系……两者之间各种触点广泛生成，任何一个单点的突破，都会在移动互联网产生新契机。天搜所领悟的五大基因，正是对移商能量的有力诠释。今天的中国，所有生意都可以从头再做一遍，因为移动互联网正从各个维度击破传统壁垒，还给商业更大的自由和想象力。

无论是消费者还是商家，在移动互联网的浪潮中，他们已经一起度过摸索期，找到自己的多重角色。随着移动互联网走进下半场，借助大数据、AI、群体智能等技术，人与人、产品与用户、服务与用户、内容与用户等之间的连接交互方式将迎来井喷，那些期待的商业效率全面升级和极度自我的个性化定制都将照进现实。移动互联网必将在新技术的指引下，快速轮转，以翻滚姿态向未来迈进。

霸道的密度，广泛的维度，翻滚的速度，这是移动互联网赋予这个时代的商业标志，移商群体把握好这三个“度”，才能找到那座火山口，才能在商业竞争中拉长企业生命的长度。无论你已经成为移商，还是想要成为移商，这本直面移动互联网时代的迷惑、解构移商属性、研究新型商业模型、探索未来可能的书，定能让你有所收获。

正如工业革命时期，蒸汽机和电带来的颠覆效应，移动互联网对今天生产和生活的重塑力同样惊人。它正改变我们理解世界的方式，成为新发明和新服务的源泉。在移动互联网大背景下进行商业活动的移商，是这个时代改变世界的新力量，你还在等什么呢？

浙江大学计算机科学与技术学院人工智能研究所教授　金小刚

序_3
Preface

移动互联网的第五维

某一天你睡到自然醒，以为又是美好的一天。习惯性拿起手机，却发不出任何一条消息，你的通信录变灰了，你的朋友圈沉默了，你的App找不到网页了，你拨出的语音视频甚至电话都无人接听了。你不断尝试与外界建立联系，每隔几分钟查看一次手机，但是仿若坠入无人值守的孤独星球，接收不到任何回音，整个人被焦躁、不安、孤独、恐惧等情绪包围。手机和网络系统瘫痪的这一天，带给你的震撼感受可能几年内都难以忘记。

一天不联系，我们的友谊并不必然消失；一天不接触新资讯，我们的思维并不必然落伍；一天不用手机，我们的生活秩序并不必然被打乱；但离开手机离开移动互联网的那一刻，我们的神经却必然陷入不安。重构了时空四维之后，移动互联网对人类思维的重塑，算得上是另一种意义的第五维。

移动时代消费者的行为在发生变化，我想每个人都能感受得到。朋友聚会刷手机，购物娱乐刷手机，等车等座刷手机，看病挂号刷手机，不知道吃什么也刷手机。“一机在手天下都有”的观念，成为现代人的共识；出门只带手机，也是越来越多人的日常。移动互联网让手机像大脑的某个零件一样，成为人体不可分割的“新器官”。

这些行为黏性生成的背后，是消费者自我认知的转变。移动互联网与人几乎“形影不离”，带来丰富信息的同时，也让人的注意力成为这个时代最稀缺的资源。人或者说消费者的主体意识，渐渐盖过信息本身。过去，我们会为更快打到车、吃到更美味的美食，而深觉移动互联网便捷；现在，我们会因为外卖晚到了三分钟、猜我喜欢不准确、竟然不能用支付宝等稍欠周到的服务而抱怨，甚至弃用，转身投入其他商家的怀抱。过去，移动互联网还只是工具，一种让生活更便捷的工具；现在，移动互联网是必需，必须随时随地满足五花八门的需求，必须让消费者觉得他分享出的注意力得到了高效的价值回报。

在移动互联网的推动下，更注重自我的消费者思维重塑，如推倒多米诺骨牌一般摧毁过去的一切，不断催生出新需求和新欲望，让很多商家、企业无所适从，却不得不做出改变。所有的生意都不得不从头再来一遍。

身为媒体人，见证了越来越多的人加入“移商”队伍中。但也深知浪潮背后的波涛汹涌，不是简单“入网”“做App”就能轻松跨越的。在移动互联网的第五维，长长的战略规划形同废纸，再精准的产品定位也在随波而流，不懂得如何触及消费者内心的迷茫的商客不在少数。这样一本讲述移商的过去、现在、未来的书，出现得恰合时宜，全面剖析当前移商基因，或许你也能在其中找到制胜未来的答案。

时代的剧变已然发生，你所要做的，是和消费者一起改变。

《科技金融时报》总编　杨雨后

前言

Introduction

认知觉醒

在漫长的时间长河里，从来没有哪一个时期，比现在更“快”。星移斗转，十载间就可以变了天地。这种“快”，在中国尤其明显。是什么造就了这种“快”？

这其中，移动互联网功不可没。它的诞生，源自新技术变革，却给环境、技术、消费需求、社会生态带来突破性的基因变异，促使了无数新物种迸发而出；它的作用力，看得见摸得着，又看不见摸不着；它的未知，让它以商品、服务的形式出现在人们身边，却未成体系、纷繁复杂；它的商机，让无数人前仆后继，却也让很多人动荡不安。

经过对数百家移动互联网创业公司的走访，上千个成功或失败的商业案例调研，众多专家学者的反复推演，历时一年多，本书将散落于各地、各维度的移商人、移商模式和移商案例集合汇总，向大家展示新时代新场景下，移动互联网商业的前世、今生与未来。在满足大家对移动互联网产业内核好奇的基础上，通过对“移商”的全新诠释、特质解析、未来预判，将不同剖面的移商浓缩提炼呈现，将当下的商业逻辑与创业指导融合其中，为企业的新物种基因连接赋能。

这是一本在中国崛起大时代背景下，集中展示移动互联网新技术带来的移商新物种崛起，促使移商进一步变革、升级的书。它绝非披着现实主义外衣的绣花枕头，也不是基于理论学术研究的空中楼阁。我们希望它能够传递的是最有价值的系统认知。

这个时代，唯有不丧失对环境、产业的认知，才有可能创造出真正的价值。

希望本书能为此刻正在阅读的你带来价值。

目录
Contents

—上篇—
遇见新物种

—中篇—
移商 DNA 图谱

— 下篇 —
触摸未来

Part One

—上篇—

遇见新物种

达尔文的《物种起源》告诉我们，环境对物种有着定向选择的作用，环境变则物种变。美国《连线》杂志创始主编凯文·凯利（Kevin Kelly）也曾在《失控》一书中写道：“想要得到和生命真正类似的行为，不是设法创造出真正复杂的生物，而是给简单的生物提供一个极其丰饶的变异环境”。站在科技变革边缘，对今天的商业社会而言，移动互联网的发展带来了近百年来最显著的一次环境变异。在新技术与新需求的反复碰撞与水乳交融中，原有生态中无数固有角色被打破，支撑商业发展的土壤全盘异化，新的社会能量因子持续释放。移动互联网每往前一步，世界就会随之发生一点新变化。信息化、数字化让世界变得高度流动，一切认知都颠覆以往。流动的世界里万物生长，我们得以遇见各种新物种。基因中自带扩张本能的新物种，在繁衍、进化、自我升级过程中，集体意志不断爆发，又加速这种流动性。在新物种演化的路上，一步一景，最终移商崛起，世界变化。

CHAPTER 1

流动的新世界

一切皆流，无物常住[1]。

——赫拉克利特（Heraclitus），古希腊哲学家，朴素辩证法思想代表人物，第一个提出认识论，代表作有《论自然》

1　事物是运动发展的，没有什么东西可以一直保持某种状态

新的角色轮回

在移动互联网的超强生长力中，一切环境因子都在发生着我们难以预计的变化，新的生态开始形成。当滴滴出行兼并Uber中国，当团购鼻祖Groupon反过来向它的中国徒弟美团学习，当新加坡人力部长林瑞生、韩国总统文在寅等各国政要被中国移动支付圈粉，当共享单车和小米模式不断向国外输出，当十年前的C2C（Copy to China）变成十年后的CFC（Copy from China），在世界经济的舞台上，各种沉浮变幻的故事在不同角色的更迭轮回中依次上演。而这一次正流行的故事，恰如千年前的盛唐时代一样，是以中国为中心的。

◎ 东风正西渐

当国内民众对生活中各种移动应用习以为常时，可能并不知道，它们也在全球掀起了新生活方式的狂潮。在俄罗斯，阿里全球速卖通是最受欢迎的购物网站，每6个人就有1个在速卖通上购物[1]，甚至有一个类似“剁手族”的新词——“淘戈利克”（淘宝控）；在印度，“米粉”排起的长队毫不逊色于北上广，红米Note4常卖断货；在新加坡，ofo小黄车占领一条条街道，成为花园狮城一道亮丽的风景线，每天的使用量高达十万人次；在印尼，茄子快传SHAREit是社交达人的标配，近1/3的印尼人都使用它传输文件、分享资料；在摩纳哥，国家首脑亲自与支付宝公司签订合作协议，举国接入支付宝，打造无现金国家；在美国，猎豹Live.me“直播打赏”风靡时尚年轻人的社交

1 速卖通数据

圈，美图秀秀“手绘自拍”功能连奥斯卡影后布丽·拉尔森（Brie Larson）也为它折服。

显然，互联网的西风东渐，正转变为东风西渐。从被动的接受者，到主动的输出者，奇迹的“中国红”遍布世界每个角落。截至2016年底，超过6000家中国移动互联网企业，把红旗插到了不同的“土地”[1]，涉及游戏、工具、社交、摄影和教育等多个领域，覆盖51.7%的海外安卓用户，129个应用进入海外移动App排名前1000[2]。

猎豹被全球6亿活跃用户、65亿部手机下载[3]；支付宝覆盖近40个国家地区数十万商家；微信在20多个国家地区落地[4]；茄子快传位居60多个国家App Store效率榜第一[5]；滴滴的跨境共享出行合作网络触达1000多个城市，覆盖60%世界人口[6]；大疆消费级无人机占据全球约70%的市场份额；UC、游族网络、新美互通、APUS、Camera360、汇量科技Mobvista等都在海外占有大量用户和市场份额。随着这些中国移动互联网公司大批量出海，中国对外输送的，已不再仅仅是Made in China的产品，还有中国的文化理念、生活方式，以及独特的商业价值观。

Copy to China转变成Copy from China。独具中国特色的原创功能、应用、商业模式正不断地向海外输送，成为各国研究的范本。微信“红包”“打赏”功能给予苹果和Facebook灵感，华为手机在iPhone之前率先使用双摄像头，二维码被Snapchat、Spotify等社交软件接受，巴西团购网站Peixe Urbano向百度糯米等中国企业学习经营理念，尼日利亚电商网站Konga.com自称非洲阿里巴巴，连亚马逊都在学习阿里“新零售”。借助数字技术和商

1 泛互联网出海平台白鲸研究院2017年底数据

2 艾瑞&猎豹数据

3 猎豹全球智库数据

4 许晟、周悦.《微信支付宝已在境外近40个国家和地区落地》[N]. 新华社，2018-02-28

5 App Annie 截至2017年底数据

6 2017年底滴滴官方数据

业模式创新，中国移动互联网原创能力和超强创意展现无遗。

在流动的新世界中，中国的角色变化轮回，构成最重要的一部分内容。来自东方的移动互联网创新能量惊艳世界，影响全球商业变革。

◎从后发到领先

从世界工厂，到全球互联网中心之一，中国在世界版图上新的标签正在形成。在世纪之交的互联网浪潮中，美国凭借先发优势占领全球，规则从来都是由它制定，中国则一直是追随者。但这一次，以“高铁、移动支付、共享单车、网购”为代表的“新四大发明”[1]，如当初的火药、指南针、造纸术和印刷术一样，中国科技在新一轮技术革命中重归世界中心。马云、马化腾接替比尔·盖茨（Bill Gates）、史蒂夫·乔布斯（Steve Jobs），成为全球科技创富的新范本，受到全世界年轻人推崇。后发制人的中国，成为世界唯一可以在互联网上和美国抗衡的国家。

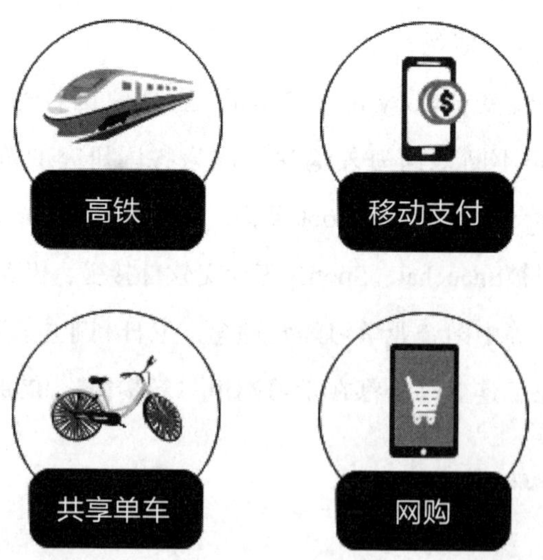

▲新四大发明：除高铁外其他三项均与互联网相关

1　2017年5月，北京外国语大学丝绸之路研究院“一带一路”沿线20国青年调查票选

12.5亿的移动互联网用户数[1]几乎覆盖了中国近90%的人口版图，328万个4G基站[2]遍布城市乡镇每个角落。全球第一的用户规模和全球最大的4G网络，造就中国移动互联网发展的核心基础。

超大体量和全面覆盖，让中国无论是互联网普及度，还是使用服务的方式都远超西方。电商交易额全球占比，十年间从不到1%上升到40%[3]；“双十一”变成国际盛事，2017年超过200个国家和地区参与[4]；移动支付渗透率直线提升，个人消费使用移动支付的交易额相当于美国的11倍[5]；甚至是在防范黑客袭击上，中国发现新漏洞的时间也比美国平均快20天[6]。移动支付冠绝全球，电商交易世界瞩目，共享经济飞速领跑，人工智能弯道超车，庞大的用户基数和丰富的应用场景，为中国互联网提供了肥沃土壤，不断激发企业创新活力，并在世界舞台崭露头角。

全球市值最高的互联网公司TOP10排行中，2017年中国一度占据五席位置。而在全球262家“独角兽”企业（估值超过10亿美元的初创企业）中也有1/3来自中国，总估值占全球“独角兽”公司的43%[7]。蚂蚁金服等7家公司更位列全球16家“超级独角兽”公司（估值在100亿美元以上的初创企业）榜单[8]。在这场移动互联网主题竞赛中，厚积薄发的中国企业，基于中国这个庞大市场，在超强的模式创新和试错能力之下，数字化潜力远超预期。

1　工信部截至2017年11月数据

2　工信部《2017年通信业统计公报》

3　2017年8月麦肯锡《中国数字经济如何引领全球新趋势》报告

4　2017天猫双十一交易额统计报告

5　2017年8月麦肯锡《中国数字经济如何引领全球新趋势》报告

6　网络安全公司“记录未来”2017年10月发表的研究报告

7　麦肯锡2017年上半年统计数据

8　CVSource&CBInsights数据

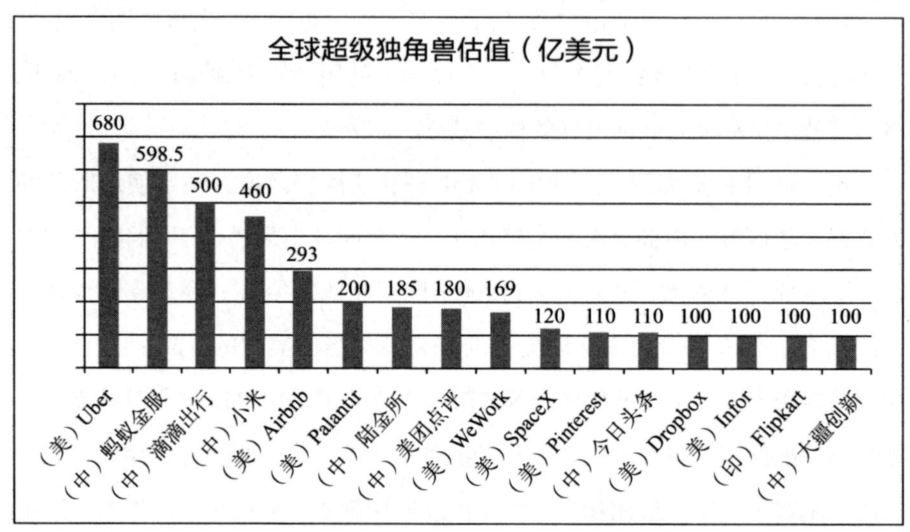

▲全球16家“超级独角兽”公司估值排行

中国互联网发展不仅惊艳了世界，也在改写世界互联网的规则与秩序。从马云提出eWTP全球电子贸易平台构想，意图以全新商业基础设施和思维方式优化世界贸易环境，到世界互联网大会落户乌镇，中国以开放包容的态度与各国“互联互通、共享共治”，在全球的影响力越来越大。连《经济学人》这样严谨的老牌杂志也感叹，“西方正经历着一个被中国成功商业模式所塑造的移动互联网世界”。

从美国模式到中国方案，后发先至的中国移动互联网，已在全球享有话语权。从中国这个范本身上，世界可以看见更多互联网技术发展所创造的“未来美好生活”，并亲身感受由信息经济所塑造的高速流动的新世界。

移商赋能力

政府的重视和推动、中国人强大的学习创造能力，以及广阔地域和人口红利的优势支撑，中国在移动互联网飞速发展的过程中积累了大量资本、人才优势，具备了弯道超车的可能和机会。中国互联网企业无与伦比的开放性，正把这种影响力用最短时间延伸至全球。

新的商业土壤

如果说，中国角色轮回是从全球宏观维度呈现信息世界的高速流动，那么源自每个人身边的社会商业变化，则让这种流动更加具象化。在移动互联网带来的生态变异中，支撑社会商业发展的土壤也发生着全盘变化。以连接为核心、以创新为养料，新的地基孕育出新的基因，滋生新的文明。数字化蝶变带来新物种集中大爆发，无现金世界变成现实，电子商务成就消费传奇，智慧城市开启中国模式，社会经济焕发出前所未有的活力。

◎人体新器官

每天9.2亿用户登录微信，发出380亿次消息[1]；全国3亿人用手机预订机票、酒店或旅游产品[2]；2亿人使用网约车，早高峰每分钟有4万订单等待司机响应[3]；高峰时段千万人同时骑行共享单车，月使用量一度超过17.7亿次[4]；2.74亿手机外卖用户中，6成每周点餐3次以上[5]，有人甚至一年叫外卖

1 2017腾讯全球合作伙伴大会微信官方数据（截至2017年9月）

2 中商产业研究院2018年初发布数据

3 央视“数字五年：移动互联网 方寸之间天地无限”专题

4 Trustdata最新发布的《2017年Q3中国移动互联网发展分析报告》

5 饿了么中国外卖大数据

1292次，最多一天有7单[1]；每10个手机用户中就有7个使用手机支付，国人一年支付金额超208万亿元[2]。在杭州还出现“劫匪连抢三家便利店，连回家路费都没抢够”这样令人啼笑皆非的新闻。从物质到精神，移动互联网某种意义上改变了人类DNA序列，智能手机无限延伸眼、耳、口功能，成为新的人体器官。

各种手机App组成普通人一天的生活：淘宝、京东、唯品会购物，蚂蚁财富、挖财、铜板街理财，微信、陌陌、探探社交，饿了么、美团点外卖，出行用滴滴、摩拜，购票去12306，旅游上携程、马蜂窝，住宿有小猪短租、途家……国内手机App数量越来越多，已经突破400万款[3]，平均每台手机App超过100个[4]；App数量的剧增，导致智能手机内存越来越大，iPhone储存空间最低值从8G变成64G；每个人花在手机上的时间越来越长，2017年12月人均已达到4.2小时[5]。手机App成为大众个性化生活方式的代言人。

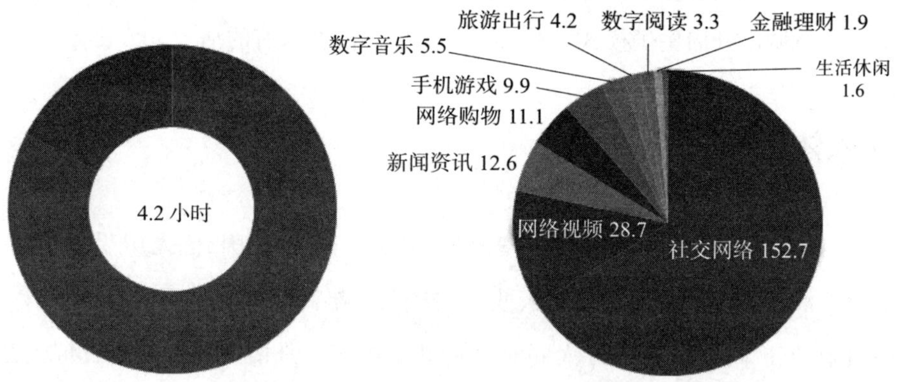

▲2017年12月国人平均手机上网时长及各类App占用时间（min）（数据来源：极光大数据）

1 饿了么《2016国民外卖订单》
2 央视“数字五年：移动互联网 方寸之间天地无限”专题
3 工信部发布2017年上半年我国互联网业务运行情况报告
4 AppAnnie《2017年应用经济回顾报告》
5 极光大数据2017年第四季度手机行业分析报告

移动互联网世界不存在“沉没的群体”，拐杖插上自拍杆、广场舞搬到直播间、画风奇特的表情包，近6900万老年人[1]玩得比年轻人更好，3000万老年人经常性“剁手”，50岁以上的支付宝用户在余额宝平均存款远远高于所有支付宝用户人均存款[2]。玩微博、开直播，局座张召忠被奉为“中老年第一网红”；老戏骨王庆祥B站入门考试有87分；“开心奶奶”曹雪梅携痴呆老伴直播成网红……移动互联网对大众生活的影响，从来不只有80/90后，数字基因正被植入不同年龄、阶层、文化的各种人群中。

当手机成了一种习惯，低头族盛行，起床睡前必看手机；出门不带钱包可以，不能不带手机；停水停电可以，手机断网绝对不行。如果哪一天手机坏了，网络无法连接，影响的将是整个生活秩序和质量。为大众生活赋能，给予青年人话语权，为老年人晚年增添色彩，移动互联网塑造了开放、分享、平等的新价值观，一种新的社会文明诞生。所有人都变成智能手机“原住民”，变成移动互联网下的新人类。

◎社会新基础设施

数字经济规模达22.58万亿元，GDP占比超过30%；730家网信类上市企业，总市值17.5万亿元[3]；5.33亿网购用户数，29.16万亿元电商交易额[4]……互联网经济的发展，正为国民经济增长增添新的亮点。

如果说10年前互联网还只是单纯技术工具，那在人手一部智能手机的今天，它正演变为一场重新整合生产要素、释放生产动能的集体实践，是社会经济发展的战略性基础设施。随着移动网络向“悬崖村”四川凉山阿土勒尔

1 CNNIC和国家统计局官方数据，2016年底50岁以上老年网民总量接近6900万

2 阿里巴巴联合支付宝、飞猪、虾米音乐发布的《爸妈的移动互联网生活报告》

3 《中国互联网发展报告2017》

4 商务部数据，截至2017年底

村、“高原孤岛”西藏墨脱等地延伸，它的渗透率甚至一度超过电网、公路等基础设施。

从商业应用到民生服务，互联网在各个维度影响着国计民生。智慧物流刷新快递速度，推动新商业交易额增长和消费体验升级；信用体系为消费金融、商业诚信提供支撑；移动支付让商业更便捷，并为分享经济等新模式实现商业闭环；数据与算法推动产业经济迈向定制化、个性化，生成新的价值链，并为各项公共服务改革提供新视角；人工智能替代人力，在出行、医疗、商业、招聘等领域应用，大幅提升效率。普惠的移动互联网优化社会资源配置，拓展产品和服务消费的新空间，不断为经济增值。

当互联网在经济生活中的渗透率越来越高，政府报告中互联网相关词汇出现的频率也越来越高，如互联网+、电子商务、信息消费、分享经济、跨境电商、人工智能、数字经济、物联网等。在政府推动、企业主导、全民参与中，互联网成为社会经济和大众生活不可或缺的元素。

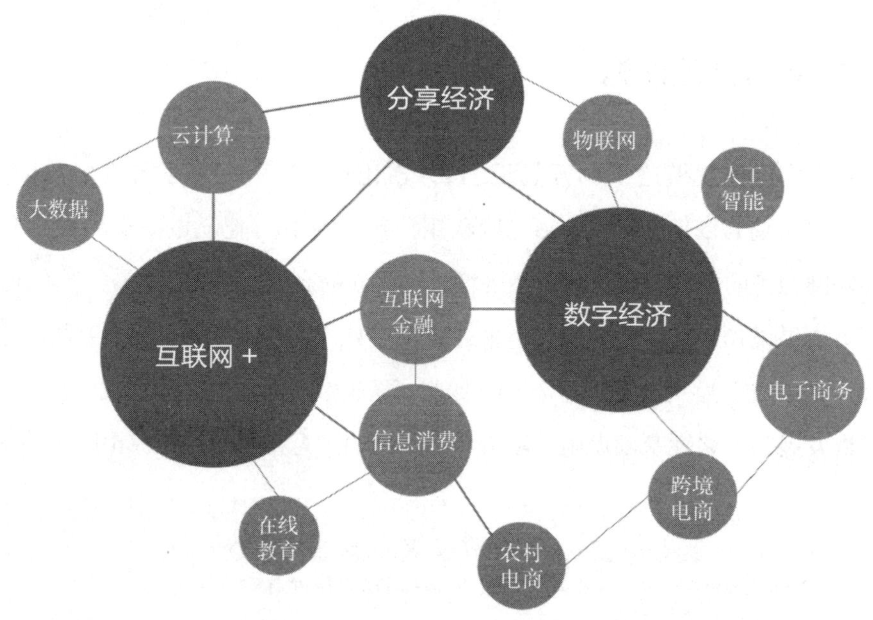

▲政府工作报告频繁出现互联网相关词汇

信息技术与各领域充分交融，从人人互联到万物互联，从基础互联网、消费互联网到产业互联网、智能互联网，数据以万亿级频率大规模沉淀。数字经济成为国家经济增长的新动能，智慧化社会变成大众生产、生活中新的社会形态。

◎虚实新商业格局

2012年王健林与马云立下1亿赌约，2013年董明珠与雷军立下10亿赌约。在互联网渗透国民经济的过程里，它与传统产业、实体经济并非一片和谐，特别是在移动互联网刚开局的那几年，线上线下火拼激烈，电商实体互怼更是常态。一边是实业家高呼脱虚向实，一边是创业者扎堆互联网，互联网电商究竟是在反哺实体经济，还是实体经济的夺食者？关于实体经济与虚拟经济的讨论愈演愈烈。

▲虚实之争

然而今天面对互联网越来越普及，以及信息经济之下的消费升级，无论线上还是线下都陷入空前焦虑。纯电商红利消失，2015年以来，京东等诸多电商平台GMV增速放缓；2017年一代鞋王百丽宣布退出港股市场；达芙妮财报连续三年亏损，关闭近3000家实体店，仅2017年净亏损就高达8亿元，线下实体巨头的日子也不好过。当互联网带来个性化、场景化、社交化、碎片化的新消费潮流，市场终于发现线上线下谁也不能完全替代谁。

随着移动支付等技术的应用普及，电商与实体界限消失，线上与线下从对抗到联合，商业又出现系列新转变。阿里联姻百联、投资新华都、入股大润发，网易开设严选酒店，雷军铺设千家“小米之家”实体店，腾讯重金入股超级物种、海澜之家，京东领投天天果园、入股永辉超市，亚马逊开发Amazon Go，娃哈哈入局智能无人售货架Take Go，银泰推出喵街。电商逆流入主线下，实体拥抱大数据、物联网、AR/VR等，线上线下进入既竞争又合作的新局面。

如今王健林与马云的10年之期过半，董明珠与雷军的5年约定将至，是王健林输给马云、还是董明珠赢了雷军？答案已经不重要。走过纯电商时代，经历O2O（Online To Offline，从线上到线下）潮流，迈向OMO（Online-Merge-Offline，线上线下融合），流量双向流动，消费行为双向流动，商业边界拓展，线上线下在各种商业实践融合中再生，奠定新的商业格局。

移商赋能力

任何新技术要转化为生产力，归根结底要通过商业应用，但这个过程要经过层层演变。互联网成为商业新土壤，物理连接实现信息化只是基础，用技术手段改造优化是第二层，以创新为主旋律走向自主创造是第三层，引发行业关系、社会规则结构变化才是最后方向。

新的能量释放

流动的新世界，一定伴随着能量循环过程。当移动互联网的能量积聚到一定程度后集中释放，从餐饮到打车、从家政到医疗、从电商到美甲……上承传统产业、下接大众消费，以“链接”为特征的创新创业浪潮风起云涌，各种要素资源在互联网的链接中集聚，中国进入全民创客时代。

◎席卷中国的创客

百度搜索“创业”有6800万个结果，当当网创业类图书超过1.6万种，这是关注创新创业的“中国热度”；平均每分钟有11家初创公司诞生，每天新登记企业近1.6万家[1]，每周至少1场全国性创业大赛开锣，这是勇于创新创业的“中国速度”；4298家众创空间、3255家科技企业孵化器、400余家企业加速器，一年服务初创企业近40万家，帮助1.5万个创业团队融资超过539亿元[2]，这是实践创新创业的“中国密度”；出台政府指导意见，设立400亿元国家级创投引导基金，加大财税优惠力度，构建多层次资本市场，这是推进创新创业的“中国力度”。

百年积弱渴望大国复兴的中国对创业有着天然的热情。无论是20世纪80年代个体户异军突起，还是90年代下海经商潮，抑或2000年前后互联网创业风潮，创业立异在中国并不少见。

但这次，情况又有点不一样。经过传统互联网洗礼，当移动互联网日臻普惠，技术更成熟，与中国巨大市场需求相融合，在升级与重塑两种格局下，成为所有产业的新地基，并带来数以百万计的新机会。这犹如一个巨大磁场，新的创新创业因子彻底激活，通过技术和算法，对用户和数据进行连接，产生新技术新模式新商业，中国进入不一样的移动互联网创业时代。

从北京中关村创业大街到杭州梦想小镇，从深圳南山科技园到成都菁蓉镇，一场席卷全中国的全民创客运动，让创业者从小众走向大众，在政府与

1 国家统计局2016年数据

2 科技部火炬中心2016年底数据

市场打造的培养皿中，为中国经济注入新动能。从自我生存到自我实现，旧秩序打破，新生态形成，创业者新阶层正在崛起。

高校创业热持续升温，近5年大学生毕业即创业的比例从1.6%增至3.0%，创业大学生数量超过20万[1]，20多个省出台鼓励大学生创业的方案，允许保留学籍休学创业，82%的高校开设创业课程；留学回国创业人员增多，海归创业人数年复合增长率达21.1%[2]；科研人员创业意愿明显增强，六成有创业想法，以科技“国家队”中科院为例，2011—2015年共有254位高级科技人员离岗创业，培养输送了5168名创业人才；归雁经济成为新潮流，近5年返乡创业人数均保持两位数增幅，目前已达700多万，其中农民工返乡创业有480万[3]，80%都是新业态新模式和产业融合项目。

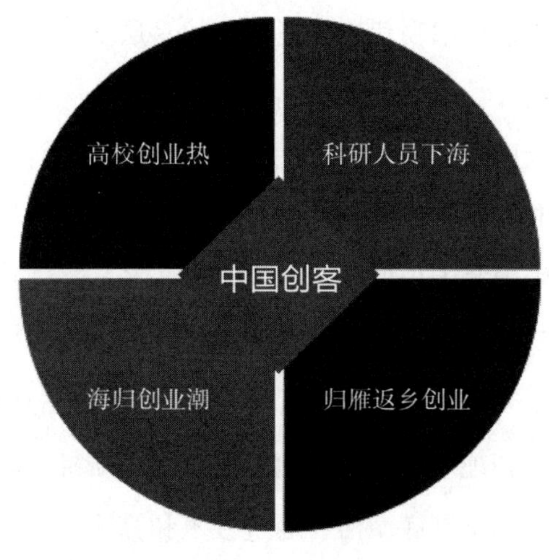

▲创客席卷中国

1 《2016年中国大学生就业报告》

2 BOSS直聘人才大数据研究院《2017海归人才就业创业报告》

3 农业部数据统计

毫无疑问，中国成为全球创业活跃度最高的国家之一，早期创业活动指数[1]达到12.84[2]，创投募集资金量连年翻番，FA（Finance Advisor财务顾问）、天使投资和VC（风险投资）的数量、规模及活跃度均有激增。最活跃的分享经济、网络经济都与双创密切相关，这样的创业热情不仅为转型升级的中国经济提供强劲动力，更对世界产生广泛而深远的影响。

◎ 中国硅谷崛起

当互联网经济迅速渗透，小风口爆发，新业态涌现，创新创业的脉络无限伸展，注定触达中国每个角落。纵观中国创业地图，从2014年起连续3年创业增速全国第一[3]的杭州显然最活跃。从2013年平均每周举办创业活动1～2场，到2017年平均每天10.5场、全年3884场创业活动[4]，凭借浓厚的互联网氛围，从电商之都到互联网创业新高地，杭州迅速成为全国热度最高的创业中心，吸引全国乃至世界的弄潮儿。

在创业咖啡馆碰撞出创业想法，在创客学院接受培训，在各种沙龙交流经验……位于余杭区的梦想小镇，代表了杭州创新创业的典型生态。“我负责雨露阳光，你负责苗壮成长”“政府来当店小二”，以新兴产业为基础，依托阿里、浙大的强企名校效应，这里吸引了大量海归人才和民间资本。截至2017年底，这里集聚1258个项目、12100名创业人才，入驻投资机构982家，管理资本逾2265亿元[5]。梦想小镇俨然已经是创业者的天堂。

---

1 一个经济体中创业者数量在成年人中所占比例

2 《全球创业观察2015/2016中国报告》

3 《2016杭州创业生态白皮书》

4 微链数据

5 金梁，《梦想小镇三岁了！有一股“神秘”的力量在支撑她迅速成长》[N]，浙江在线，2018-03-28

▲杭州梦想小镇（图片来源：梦想小镇官网）

创新创业，成为杭州最显著的一张城市名片。IDG资本、经纬中国、红杉资本等先后进驻，华睿资本、元璟资本等本土投资机构愈加成熟，天使之城名副其实。人才净流入率多次位列全国主要城市榜首[1]，连续7年入选“外籍人才眼中最具吸引力的十大城市”，杭州变身全球顶级人才收割机，选择把创业梦安放这里的人越来越多。从电商到科技金融、本地生活，多元化创业的路径催生了蚂蚁金服、阿里云、美丽说、微医集团（原挂号网）、微贷网、51信用卡、拼多多等“独角兽”企业和有赞、铜板街各类新型互联网创业公司。项目、资本、人才等要素集聚，一个完善的创业生态系统正在杭州形成。

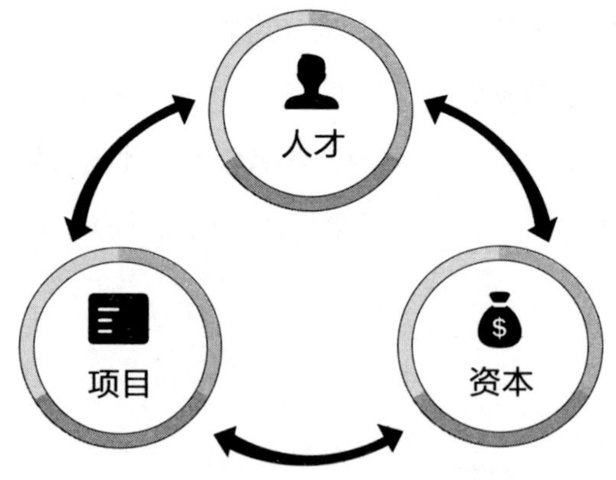

▲杭州创业生态的良性循环

1 据猎聘统计

阿里系、浙大系、海归系、浙商系四大“新四军”，为杭州创新创业输送源源不断的活力；新零售、大数据、人工智能、区块链等以信息科技为依托的新兴产业，让杭州双创动能持续迸发；梦想小镇、云栖小镇、人工智能小镇、物联网小镇、智造小镇等特色小镇，撑起杭州双创骨架；迭代空间、浙大e-WORKS创业实验室、贝壳社、罗汉创学院、创业蜂房、云咖啡等100多家众创空间，稳固这座城市的创新创业根基。杭州这座双创之城，正在强势崛起。

如果说创新创业是一种信仰，那聚集着谷歌、苹果、Facebook等上千家高科技公司的美国硅谷，一定是信徒心中的“耶路撒冷”。但今天，受益于互联网经济发展，杭州的创新创业俨然产生巨大的磁场效应，从城西未来科技城到城东钱塘智慧城，中国硅谷呼之欲出。

移商赋能力

双创和互联网的共同点都是创新，这是互联网能够不断释放双创势能的重要原因。二者的有效融合和相互促进，使得更多创新因子被激活。对于现阶段这股双创热潮来说，物理性增长、数字变化并不是重点，为创新培育良好土壤、保持持续生命力才是重点。

CHAPTER 2

种群意志作用

此刻的一切完美事物，无一不是创新的结果。

——约翰·穆勒（John Stuart Mill），19世纪英国著名哲学家、心理学家和经济学家，代表作有《穆勒名学》《论自由》等

超级移商

流动的新世界里，环境变则物种变。反过来，新世界的形成也离不开生存于其中各物种的进化繁衍。每个物种都存在基因延续扩张的本能，驱动它由低级向高级发展，这种本能汇聚成种群整体意志，作用于生存环境，为物种生存提供最优空间。国家角色地位转换也好，社会商业土壤焕新也好，或者新的创业能量释放，所有质变都是新物种的能动性和创造性参与其中的结果。当新物种的触角不断延伸，基于移动互联网的群体意志集中爆发，落后的商业文明一步步被摧毁，新的商业秩序逐步重建。

如果说互联网技术发展是导致商业形态和文明演变的内在因素，那么基于互联网生态而形成并不断壮大的新物种，它所释放出的群体意志作用，则是加速这种进程的外在帮手。对于这个新物种，有人称其为“移商”！

移商 是指运用移动互联网工具，在移动终端从事商业活动的个人与其所创造的商业形态的总和。

移动互联网飞跃式的演变，让我们得以遇见移商新物种。所以，移动互联网是移商自带的限定语，它区别于传统互联网的特性，成为各种新产品、新应用、新商业模式产生的源泉，为移商催生不一样的商业特性和创业生态。

沉默寡言的工程师，也许正开着一家制造机器人的科技公司；天天逃课的“坏学生”，也许正开发一款新潮好玩的手游；每天追星的小姑娘，可能是某个八卦大号的创始人；看似无所事事的“废柴”青年，可能掌控着庞大的微商帝国。或以创新性项目为加速器，或以颠覆式进化为使命，或借流量之势作连接，移商群体不断成长，移商生态不断完善。

移商概念的第一次出现要追溯到2008年。当年4月在厦门翔鹭国际大酒店，全球搜索引擎营销大会（SMX）迎来诸多国内外技术专家和商业领军人物。天搜公司创始人石高涛，一个青年创业者在会上首次提出“移商”概念，引起热议。

“下一个十年，是移商的天下！”

彼时互联网方兴未艾，运营商重组、3G成功商用、牌照即将发放，石高涛预言移动互联网时代即将来临。手机将成为承载商业生活最便利的平台，当商业与移动互联网结合，将给中国经济带来巨大震荡；而随着移动互联网的市场扩张，移商群体也将扩大，有望成为主宰新时代的重要力量。同年9月第七届中国互联网大会上，石高涛再次强调他的论点，重申移商概念。此后10年他一直致力于推动移商普及，希望让这股新兴力量在时代大潮中执掌风云。

在前赴后继拓荒者的努力下，移商概念越来越被人熟知。从边缘到主流，从改变大众生活到影响世界格局，这个承载移动互联网世界演进的新物种，演绎了一幕幕波澜壮阔的商业传奇。

移商赋能力

超级移商的爆发力远远不止群体数量的物理性增长，而是在更多维度实现突破。万物实现互联，数据源源产出，构成一个三维世界。消费习惯变化、业务模式革新、产业格局裂变，一切游戏规则都在变。对移商来说，它既需要降维打击，也需要升维思考。

物种起源

洞悉每种新物种的特性，需要从探索它的前世今生开始。基因变异背后总能追根溯源，是物竞天择，更是顺势而为。横空出世的移商，看似含着金汤勺出世的富家子，然而这个超级物种也不过是站在巨人肩膀上才有如此强大的生命力；出世前历经“行坐网移”（行商、坐商、网商、移商）千年传承蜕变，出世后在四次科技革命洗礼里适者生存。与生俱来，自带颠覆性。

◎ 行坐网移前世今生

移动互联网改变的从来不是商业的本质，从行商、坐商到网商、移商，没有千年商业文明的积累，就没有移商这个新物种的爆发。

▲行坐网移

或走街串巷、沿街叫卖，如《水浒传》中武大郎挑担卖烧饼，燕青学唱“货郎太平歌”，《清明上河图》中推车挑担兜售“香饮子”和顶盘担架“盘卖”；或高挂楹联招牌，坐等顾客上门，如武松路经的“三碗不过冈”和蒋门神的“快活林”酒店，又如张择端笔下的“孙羊正店”酒楼和“十千脚店”。没有固定地点的行走贩卖，这是行商；以固定店铺招徕客人，这是坐商，这是中国最传统的两种商人形态和商业模式，沿袭千百年。很多知名商帮都是既有固定店铺也会长途贩运。2017年热播剧《那年花开月正圆》周莹所代表的秦商，就是走西口、过茶马古道、穿越丝绸之路，把油坊酒坊、当铺药铺、粮店米号开满全国。

▲张择端《清明上河图》(节选)中各种行商坐商云集

到现代社会这两者并没有消亡，城市商场、街头小店、路边摊贩，都是行商坐贾。并且在传承延续中，因为互联网杀入、电子商务兴起，从中衍生出网商。另一部热播剧《鸡毛飞上天》中，陈金水鸡毛换糖，陈江河开银珠五金店，陈路投资超级网上售货机，三代人恰好代表行、坐、网商的进化。

千禧年前后，互联网悄然改写传统商业，随着阿里、易趣、当当等电子商务网站的先后创立，以及后来第三方支付的推出，2004年马云提出“网商”概念并召开第一届网商大会，网商登上了中国商业的历史舞台。从交易主体到规则、结构、媒介全盘变化，网商不仅打破地域限制，更因网络交易的诚信透明，将中国商业文明推向新高峰。以B2B为开端，以C2C为延伸，中国网商迎来一波波成长高潮。从“中国淘宝第一村”义乌青岩刘村开启无数淘宝村，到以钟石军、张大奕为代表的典型网商上演励志人生，恍然间网商已深深扎根中国产业经济骨髓。

“让天下没有难做的生意”，阿里这句口号也是它给网商下定义时强调的内涵。但PC互联网毕竟受宽带限制，无法全时空覆盖，直到移动互联网到来，这句话才真正实现。

当PC端逐渐转向移动端，原来的坐商、行商，甚至网商，开始向移商迁移，商业交易的深度、广度全面拓展。特别是2012年后，移动互联网越来越普及，移商也从一粒种子，生长为改变国家，甚至主宰世界的强大生命体。新的市场环境、商业生态成形。

◎科技的选择与驯化

“行坐网移”的演变不是一蹴而就的。原始商业基于生产力发展，因剩余产品的出现而产生专门从事地域间物物交换的货郎，也就是行商。随着社会分工扩大，商业繁荣又导致城市出现，从官设的“市”到固定门店，坐商构成封建社会最主要的商业形态。进入20世纪，互联网带来的又一次巨大生产力变革也再一次重塑商业生态。无论哪种商业形态变化，背后体现的都是生产力与生产关系的变化。

从远渡重洋、鸿雁传书，到一根电话线缩短对话距离，一封Email连接地球两端，再到微信视频随时随地进行面对面可视化交流……每一次重大科技进步，都会引发商业社会的颠覆和重塑，带来新的认知，形成孕育新物种的土壤。所以每种商业新物种的迸发，既是商业性状的自我升级，更是科技选择的驯化物。

工业革命前，商业被限定在一定地域内。蒸汽机带来商业大航海时代，大量商品实现进出口，百货公司、连锁超市出现；第二次工业革命带来电气时代，电灯、电话、汽车、飞机相继问世，垄断组织出现，世界市场形成；第三次科技革命带来信息化，通过网络浏览新闻、查询信息，甚至购物已成为常态，商业边界消失，规则再次改变。

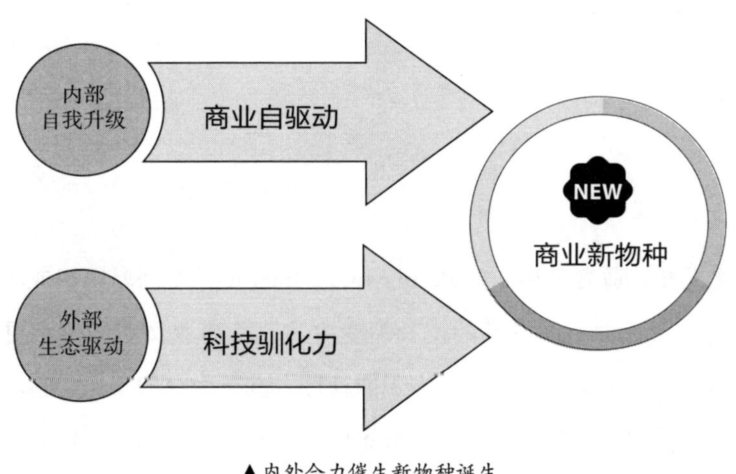

▲内外合力催生新物种诞生

科技力量不断开启物种升级进化的奇点，移商新物种诞生的背后就是信息科技作用力的结果。如果20多年前互联网未曾进入中国，移动互联网不曾萌芽，没有智能手机，没有4G、WIFI，更没有商业的颠覆性变革，那我们今天生活中的各种互联网新事物也就都不复存在。

当互联网与移动通信碰撞，如氢氧混合产生化学反应，质变开始。在智能终端升级中、无线通信技术更新换代中、各种软硬件技术突破中、提速降费逐步实现中，随时随地上网成为现实，商业的基础设施变成移动互联网。移商新物种，在科技的选择与驯化中成长起来。

移商赋能力

新物种的生成，从来都是“无中生有”。今天来自昨天的创造，现在决定未来的模样。面对技术的演进、市场需求的变化，以及竞争环境的剧变，谁能率先尝新，率先进化，谁就能生存发展，并且最终主宰这个世界。

自我进化

物竞天择，适者生存。Made In Mobile Internet的全新基因组成决定了移商这个超级新物种不同寻常的生长裂变方式，除商业文明的传承更新、科技的自然选择，还源于新物种的主观能动性。基于生存的博弈，移商新物种不断实现自我进化和基因改造，从开始的SP热潮，到Wap门户期开启，再到App时代，一路播种一朝爆发，至此奠定新的商业文明格局，催生出今天我们所看到的新世界。

◎播种

互联网世界十几年的沧海桑田，物种更迭不以人的意志为转移。如果没有及时自我进化，移商最初的萌芽也只是运营商统治下的昙花一现。毕竟追溯最初的移动互联网，它只是通信附加品，属于增值服务。

2000年中国移动施行梦网计划，搭建手机上网平台，移动互联网雏形初现。依托运营商的无线概念，几万家基于梦网的SP（Service Provider，即移动互联网内容应用服务提供者，负责开发提供适合手机用户使用的服务，包括手机图片、铃声、音乐下载等）先后涌现，造就了一批SP概念股集体上市的神话。

广义上这些SP概念股是中国最早的移商群体，但由于严重依赖并受制于运营商，缺乏互联网基因，它们并不是当时互联网的主流。加上很多SP急功近利、轻视服务和用户体验，以及同质化严重、黄赌欺诈信息滋生，为SP埋下不祥伏笔。2006年开始，随着政府整顿和中移动“11条军规”出炉，SP遭遇集体滑铁卢。

2007年9月，连续股价大跌的TOM在线从香港、美国退市，成为首家退市的中国互联网公司；2009年，饱受亏损困扰的华友世纪被盛大揽入旗下，作为资本运作的棋子成为酷6传媒的壳公司；同年，空中网在掌舵者带领下开始向网络游戏转型；2013年12月，掌上灵通长久亏损后宣布退市。曾经盛极一时的SP时代，正式终结。

虽然SP如今已淹没在历史的长河里，但它们开启了人们对移动互联网的最初印象。正因为它们抓住了最初的这点机会，移商这个新物种才能被如愿播种，静等萌芽。

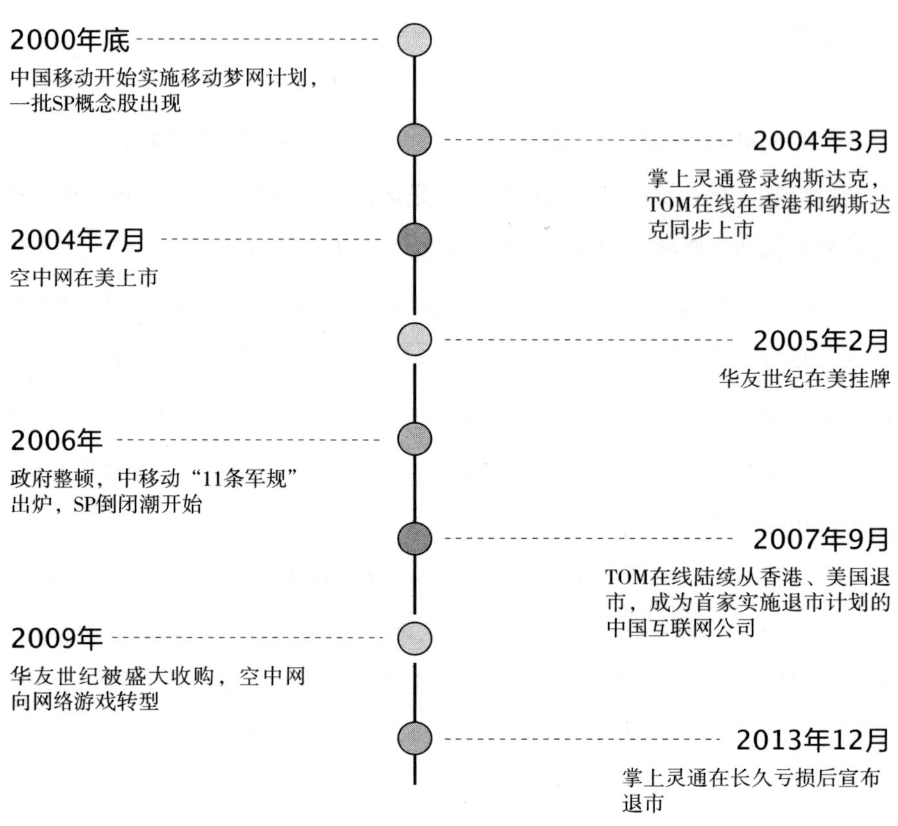

▲SP兴起与衰落全过程

◎萌芽

为甩开运营商束缚，获取更大发展空间，基于对移动互联网前景的看好，一些企业开始探索新的商业模式，中国移动互联网真正的萌芽开始了。3G门户开启了FREE WAP时代，中国移动互联网进入门户期；UC无心插柳，意外做火移动浏览器；易查做出中国第一个手机搜索引擎；买卖宝最早涉足移动电子商务；斯凯网络自主研发国内第一个手机软件平台；天搜以布道者身份提出移商概念，推动移动互联网普及。

褪去SP基因，移商新物种在蜕变与进化中走向大众。诸多具有前瞻眼光的探路者，都在为呵护这株幼苗不断努力，创新产品、培育市场、推广技术理念，以及探索商业模式和传道解惑。但与漫长的商业进化史相比，太幼小的新物种此时还前路未明。在苹果安卓开进战场前，在3G大规模商用前，中国移动互联网用户规模和市场收入一直波澜不惊。用户体验不佳、整体环境不认可，巨大的不确定性让最早吃螃蟹的企业并不被看好。曲折探路中，有的消亡，有的转型，有的挣扎着艰难前行。

万蝶网找不到盈利模式被迫关闭[1]；手机大头跟不上潮流停止更新；天下网被收购，失去独立性最终消失[2]；易查的国内市场份额一再被挤压；3G门户随着Wap技术的边缘化而衰落；UC也曾在资金问题与巨头夹击中艰难求生[3]……

黎明曙光来自运营商重组结束，3G牌照发放，移动互联网在政策和技术的支持下逐渐升温，iPhone和安卓手机让3G、WIFI有了用武之地。智能手机用户规模不断扩大，应用商店快速推进，各种移动应用渗透率、活跃度迅速提升，运营商、资本、创业者竞相杀入，UC、网秦、天搜先后融资。在多重效应下，积累数年的移商新物种，能量终于得到释放，开始迎风生长。

◎爆发

2011年腾讯微信横空出世，在一些智能手机用户中快速流行；2012年上海杭州一些上班族开始习惯用饿了么点外卖；2013—2014年，滴滴与快的两

1 《万蝶网失败经验“双边盈利”才是互联网的成功模式》[N]，创业邦，2010-01-2

2 《王勇辞去DeNA中国CEO职务：任宜接任》[N]，凤凰网，2014-01-21

3 米粥，《中国移动互联网10年，第一代创业公司都去哪儿了》[N]，创业邦，2014-03-27

款打车软件以迅雷不及掩耳之势席卷全国；2014年主打上门美甲服务的河狸家风靡白领女性……踩着先驱者肩膀，移商新物种终于迎来爆发季，化茧成蝶跃升成我们今天认知的样子。

业内很多人把2013年看作移动互联网爆发元年。这一年4G牌照发放，助力移动互联网进入快车道；传统媒体人纷纷转型，基于微信公众号的自媒体成为年度热词；微商开始进驻朋友圈；互联网金融异军突起，移动支付风潮初现。这一年，BAT三巨头开启移动卡位战，百度收购91无线，阿里推广手机客户端、入股高德地图，腾讯搭建移动游戏平台，掀起全民打飞机热潮。移动互联网影响力逐渐深入社交、购物、旅游、金融、教育、出行、招聘等各领域，诞生了新的商业范式。

在“Social（社交）”“Local（本地化）”“Mobile（移动）”等进阶密码撬动下，移商新物种的爆发力不断形成冲击波，各种“独角兽”以越来越快的速度成长出现。从陌生人社交切入的陌陌，仅用三年便登陆纳斯达克；今日头条以算法主导内容个性化推荐，狠狠打了四大门户耳光；10万元起步的滴滴，先后合并快的、击退Uber中国，一路开挂；专注餐饮外卖的饿了么，上演蚂蚁吞象的戏码，合并百度外卖；共享单车摩拜、ofo更是用短短2年就迈入了“独角兽”行列。起始于小众化，逐渐爆发并呈现大众化趋势，这些案例在今天的移动互联网领域越来越常见。随着移商生态的成熟，移商群体在商业世界里的影响力已不容忽视。

当然，直到今天，移商新物种的生长进化依然在继续，整合、跨界、融合、分化、裂变、出海，从1.0、2.0走向3.0、4.0，从移动互联走向人工智能、万物互联，为下一轮的爆发积蓄实力，并在此过程中继续改写商业规则，重塑社会生活。

移商赋能力

如果说移商对传统商业的颠覆，是它被看作最具爆发力物种的典型特征，那么它的自我改造进化能力才是其能够获得更大成长空间的决定性基因。美国对冲基金教父雷·达里奥（Ray Dalio）在《原则》里有一句话说：要么进化，要么去死。对于所有移商创业者来说，认知升级永远只是第一步，唯一的生存方式只有不断进化。

Part Two

— 中篇 —

移商 DNA 图谱

每一个新物种诞生成长的逻辑，以及对生态环境的适应性，都源于自身基因属性，物竞天择，竞的也是基因。移商新物种之所以能够成为今天商业世界的主导力量，正因为其区别于旧物种的DNA。从起源到爆发，移商新物种在自我进化的过程中形成了一套独具特色的DNA体系，让其在新生态中实现大面积生长。打破时间、空间、地域、行业、身份的边界，新物种让“一切”都以碎片化的方式呈现，并实现见缝扎针式的快速生长、更迭；以用户作为核心驱动力，新物种在生长过程中颠覆、重构了原有的商业生态，孕育出新的商业逻辑，同时以其点对点的特性让供给与需求实现精准匹配。无边界、快更迭、用户力、大重构、小精准这五项核心DNA特征，让新物种不仅自身茁壮成长，也以其强大的辐射能力，赋能传统商业升级，为我们带来一个更加便捷、美好的商业世界。

CHAPTER 3

无 边 界

未来就是一个无中心、无边界的联接世界，
人和物体是一个小点，其他都是管道。

——凯文·凯利（Kevin Kelly），美国《连线》杂志创始主编，
著有《失控》《科技想要什么》《技术元素》《必然》

时间的破碎

在移商的DNA图谱中，内部外部、横向纵向所有边界都不受组织结构的限定，在无限扩张中连接人与商业。时间被无边界的互联网无限切割，碎片化成为常态。君不见，晚上8至11点早变成淘宝购物最高峰的时段，我们都习惯了睡前随手购，晚上下单、凌晨出货、早上就能收到；如果你饿了，哪怕凌晨两三点，上饿了么点份夜宵，30分钟后外卖小哥照样送达。在它的逻辑里，时间从来就不是困扰商业消费的问题。只要用户在，只要需求在，商业和服务就一直在。

◎ 你决定打烊时间

开启小企业午夜贷款模式的网商银行，没有停运时间的共享单车、滴滴快车，深夜下班后也还可以去跑步的互联网智能健身房liking fit，无人共享24小时自助洗衣收发柜的“柜”族生活……你开机它上线，你关机它休息，朝九晚五的营业时间正在被移商重新定义。

受制于硬件和网络，传统互联网时期没有哪一种服务可以做到始终在线。毕竟永远不关电脑，是不太可能的。但现代社会人手一部手机，移动互联网和WIFI、4G彻底释放了人们的网络使用时间，只要你愿意，你就可以24小时不关机，一直在线。

人与商业之间的界限，因为移动互联网的移动性、实时性而变小。传统商业世界里的时间鸿沟，开始被数字科技浪潮所弥合。不止线上消费不受时间限制，缤果盒子、Amazon Go等无人超市也在线下用技术无限延长营业时间。甚至很多原来8小时营业的传统实体商超，也因为蚂蚁金服等无人值守技术的开放而变成24小时营业。没有打烊时间，或者更确切地说，消费者开始自主决定打烊时间。不论白天还是黑夜，不论工作日还是节假日，你想几点买，就能几点买，这就是移商所构建的全新商业逻辑。

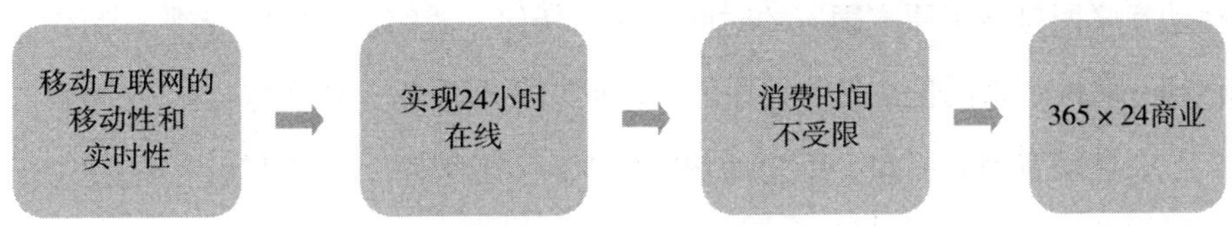

▲移商构建的全新商业时间逻辑

更典型的案例是电商行业的“春节不打烊”。以往，春节一直是电商，乃至整个互联网的流量低谷期。每年春节前后，互联网流量都要经历一次断崖式的下跌，电商不发货，物流也停运，外卖更是绝迹。但2017年、2018年春节期间，天猫、京东、苏宁等电商平台统一喊出了“不打烊”的口号，年三十那天也照样可以下单购买年货，物流当天就发货。春节，再也不是阻碍网络消费的原因。

当每个用户都对移动互联网产生“365×24小时”性的心理依赖，当用手机消费如用水用电一样，成为大众生活中不可缺少的公共性商业服务时，伴随式消费就成为移商群体对消费者最长情的告白，它们开始用时刻在线的状态，应对用户无时不在的需求。咨询、下单、支付、物流……所有的一切都不再受限制，商业行为向全天候交易转变，全时空不设限服务成为主流。

当有一天移商逐渐占领商业社会的顶端，或许“我们这个星球将被重新想象成为一个永不停歇的工作场所或一个永不打烊的商场，里面有无穷无尽的商品供你精挑细选，形成7×24小时的资本主义”[1]。

---

1 [美]乔纳森·克拉里（Jonathan Crary）.《24/7:晚期资本主义与睡眠的终结》[M]. 中信出版社，2015

◎重新定义24小时

等车时购物，吃饭时理财，下班路上点外卖，午休时打一局《王者荣耀》……传统商业世界里的时间逻辑正在被移商生态所瓦解。随时可在线的移动互联网打破了原本固定的时间板块，任何一段完整的时间安排，都因为移动互联网带来的信息接收而中断。时间被无限分割，越来越碎。

商业消费因碎而短、因短而快。乘车时、排队时、等电梯时、聚会时、工作间隙、起床后、睡觉前，所有与手机有关的零散时间段都变成了消费时间，有时甚至只是那么短短的十几秒。短视频、短音频为什么会在今天成为一种潮流？在喜马拉雅FM上，马东团队的《好好说话》平均一期只有七八分钟，罗辑思维每天的语音甚至短到只有60秒。一条、快手、抖音上的大部分视频，时长普遍只有1到5分钟，每天却有几千万观看频次。因为用户可以在上个卫生间、遛个狗的时间内就完成收听。

当连续完整时间的利用越来越稀缺，消费节奏越来越趋向短平快时，如果商家提供的服务还需要投入大段完整的连续时间，那就是与消费趋势背道而驰。拿2016年超火的两款手游《阴阳师》《王者荣耀》来说，前者是回合制RPG（Role-playing game）游戏，后者是MOBA（Multiplayer Online Battle Arena）多人在线战术竞技游戏。竞技类游戏侧重在短时间内完成战斗，通常几分钟就能搞定一局。而回合制游戏侧重长期培养游戏角色，需要长期在线，甚至熬夜升级，这种重度玩法与时间碎片化趋势完全相悖，这也能解释为什么到了2017年，《王者荣耀》仍然很火，《阴阳师》却略显后劲不足。

时间被无限分割，越来越破碎，短只是外在表象，内里体现的是效率和价值的问题。毕竟，我们每个人每一天都仅有24小时，在有限的时间里，每分每秒都很宝贵。商家站在消费者立场考量，要让用户每一点时间都变得更有价值，实现用户时间价值的最大限度转化。

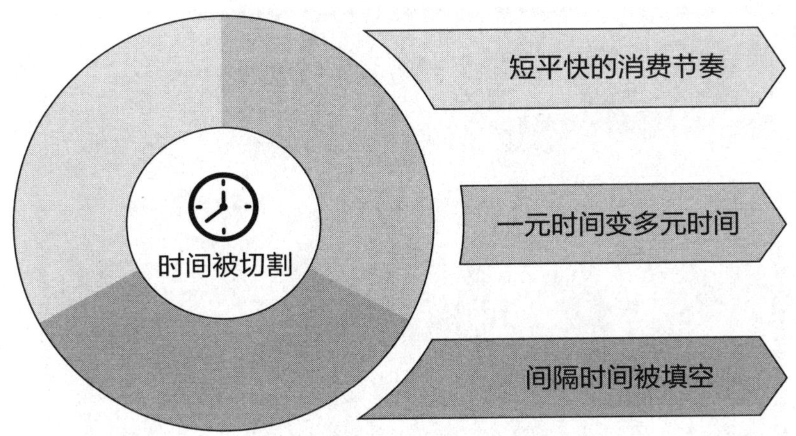

▲被移动互联网切割的时间逻辑

一元时间制变成多元时间制。原来我们一段时间内只能做一件事，现在移商所提供的产品和服务，让我们同一时间段可以同时进行几件事。上下班通勤时间被微博、微信、知乎变成阅读时间、社交时间；日常走路坐立时间被Keep划分成运动健身时间；每天做家务的时间被网易云音乐变成娱乐时间，被罗辑思维变成学习时间；旅游K歌、插花弹琴的时间，被花椒、秒拍变成秀自我的时间；睡眠时间被Apple Watch变成健康监测时间。所有时间都开始重复交叉被利用，单位时间价值被最大限度放大。

见缝插针成为常态，间隔时间被无限填空。咪哒、友唱等“迷你唱吧”在全国风靡，就是对用户购物空隙时间的占领。对于消费者而言，在排队就餐或等待电影开始前的时间，反正闲着也是闲着，手机扫码支付唱首歌，方便快捷又不耽误工夫。就无聊的等待时间来说，实在是一个非常好的选择。除了迷你唱吧，商场、电影院附近微按摩、VR游戏也呈现出一片勃勃生机的势头，移商开始习惯于去做各种填“空”题，不断挖掘用户碎片化时间的商业价值，抢占用户每一点空隙时间，将其转换为自身的销售时间。对用户来说，他的时间也在另一个层面上实现变相增加。

▲商场中的迷你唱吧

移商所构建的碎片化商业正在用各种创新技术手段和新颖产品模式重新定义分配每个消费者的24小时，不断改变用户传统生活习惯和时间观念。商业竞争重点演变成对不同时段碎时间的争夺。白领起床前、下班后的时间成为新的流量争夺焦点。每晚十点准时推送美文、书单的十点读书已经聚集千万级粉丝，喜马拉雅FM、蜻蜓FM、荔枝FM都开辟了深夜节目专栏；主打睡前陪伴的App平台绵羊热线，每晚10点到凌晨2点是一天中最活跃的时间；理财夜市成为投资者新宠，晚8点到12点通过手机银行推出的夜市理财产品进行理财成为常态；而饿了么更是因张旭豪曾经深夜点不到外卖而被创立，在2017年6月它还在京沪打造了以“深夜の食堂”为主题的线下快闪店。深夜生意，风生水起。

当所有碎片时间变成移商群体的机会时间，各种产品层出不穷、短兵相接，不断填补消费者的每分每秒，改变原有的时间分配。商业价值在无限破碎后被重新定义的时间里实现最大化。

移商赋能力

罗振宇在2016年底的跨年演讲中提到，互联网下半场是“时间战争”。时间是一个固定的池子，是商业的终极战场，商机正在由空间转换为时间。对于移商群体而言，当原有的时间逻辑被打破，不论是24小时经营，还是渗入用户的每一点碎片化时间，其背后是拼时间更是拼服务，要让用户舍得为你的产品服务花时间。

盲点的消失

在过去的认知中，每种商业形态自身都有其盲点，每次商业渗透都存在孔隙。但今天传统商业的内涵和外延不断发生翻天覆地的变化，从时间到空间，创新的力量并非单纯来自技术维度的重建，而是无边界趋势的持续演进。移动互联网无孔不入，让曾经泾渭分明的区位边界变得模糊。从消费到产业、从城市到乡村、从国内到国外，全被移动互联网无差别地覆盖。随着移商新物种生长轨迹不断延伸和无差别渗透，盲点几近消失。

◎ 毛细血管网

从搜索、社交、零售、传媒，到教育、金融、物流、医疗、房产、家装，如果说十年前传统互联网带来的商业变革更多集中在部分消费服务领域，那么今天无边界的移动互联网，无处不渗透的移商，在所有垂直行业都开始蔓延式扩张。

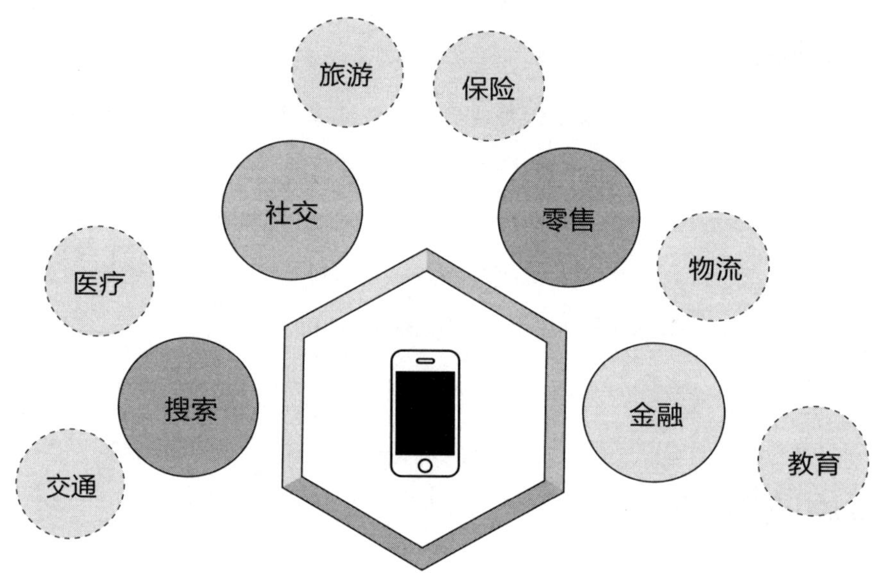

▲移商新物种如毛细血管一般渗透各行各业

物流资源在移动互联网依托下向平台化靠拢，同城货运App货拉拉、干线物流平台运满满，利用平台化运作对人、货、车、路进行关联，实施智能调度和信息全程追踪。数万家医院搬到手机上，春雨医生、丁香园、微医等医疗App，通过移动问诊挂号、医药电商，解决信息不透明造成的看病难问题。智能可穿戴设备的兴起则让慢性病管理监测移动化变成可能，掌上糖医、腾讯糖大夫围绕糖尿病构建的完整血糖数据，正在创造新价值链。从承保到理赔，手机端一键处理，保险产业价值链体系被数字科技重塑，网购退货、手机碎屏、共享单车意外成为新的保险场景，小额、海量、高频、碎片化成为保险业的新特征。告别只能看装修日记、浏览效果实景图的纯信息层面服务的PC时代，互联网家装企业土巴兔、蜗牛开始打造家装全流程闭环生态链，设计、采购、施工、贷款全部线上解决。甚至在最古老传统的殡葬市场，3D打印让遗体修复变得简单易行，VR选墓让墓地随时三维化可视，无人电动灵车、数字墓碑……死亡经济的巨大市场被一空网、Umer重新挖掘。

就像毛细血管一样，移商群体把触角伸向各行各业，每个产业都因为这种无差别渗透发生改变。在传统与未来交织中，新的商业模式、新的价值循环、新的产业秩序已经形成。产品形态趋向多样化，商品服务实现全领域覆盖，消费不再受品类限制。“只有想不到，没有买不到！”不再只是一句简单口号。美食外卖、娱乐电影、上门美甲、文字语音……消费者可以在手机上购买吃穿住行娱各领域的产品服务。毫不夸张地说，在如今的商业里，只有消费者想不到的产品，没有移商渗透不到的领域，甚至还有很多看不见摸不着的商品服务，比如社交影响力、知识技能、录音转文字服务等。

当互联网与传统产业的边界日渐模糊，对于加速渗透的移商群体来说，新的游戏规则，关键词不是消灭和分化，而是连接与融合，是利用技术对产业基因序列重新排列组合，是通过输入创新理念来优化产业价值。移商群体在各产业中所扮演的角色，不是破坏者而是赋能者，二者之间不是割裂状态下的各自为政，而是在融合中各取所需、各展所长。

◎二元弥合

如果说产业经济因移动互联网而焕发新的生机，那过去依赖地缘区位优势发展的规则，正在被移动互联网摧枯拉朽的力量击败，原有商业区位论内涵重新延展。城乡壁垒二元差距，因为移商的渗透，慢慢弥合。

移动互联网的全覆盖，缩小了城乡时空距离，填补了城乡“数字鸿沟”。从前互联网是精英工具，但移动互联网从萌芽之初就不曾脱离草根大众，中国现有的互联网用户中，每100个用户就有26个在农村[1]，正如今日头条提倡“你关心的才是头条”的阅读品味，快手坚持走农村包围城市的套路迈入“独角兽”行列，在消弭旧式权威、建立新商业共识中，城乡根深蒂固的二元差异正在被抹平。

劈开故步自封的农村堡垒，移商成为工业品下乡的“水龙头”，农产品上行的“路由器”。淘宝在全国布局3万多个村淘点，京东新通路走近乡镇，汇通达把“双十一”变成乡镇购物节，惠农网网罗农产品与农资农机双向输送，拼多多用社交模式打破农产品滞销魔咒。物流直通最后一公里，“双十一”不再是城市的专利，农村消费者也能享受无差别的服务体验。

告别现金交易，数字金融开进农村。蚂蚁金服“旺农贷”、京东“京农贷”和“农村众筹”都专注于农村信贷；PINTEC读秒与中国电信旗下甜橙金融合作推出的“橙分期”，则聚焦农村分期消费；理财农场瞄准农业产业链金融，已经跻身互金平台“百亿俱乐部”。

直播成为城市直观了解农村面貌、购买农产品的主流窗口。拿着手机，田间地头随时搭起一座直播间。“农村霹雳舞大叔”崔新星、“金牛”刘金银等一批农村网红，通过斗鱼、快手等直播平台走向大众。聚划算柳岩直播，1小时直接下单的柠檬片、枣夹核桃等农产品超过2万多件；央视财经联合花椒直播帮助甘肃清水卖花牛苹果，比平时竟多卖70多吨。

一次次商品贸易来往，一次次信息互通，城市乡村因移动互联网连接在一起，不同的人在相同的网络空间中交往、互动、消费，在信息、知识、技术的自由流动中享受相对均等的机会。商品与服务的城乡无差别、体验同步化，初步可期。

---

1 中国互联网络信息中心（CNNIC）发布的第40次《中国互联网络发展状况统计报告》

◎世界是平的

Airbnb提供的房屋和卧室遍布191个国家65000多个城市，有2/3业务跨越国境[1]；全世界超过20亿人口在使用Facebook；猎豹移动直播产品Live.me覆盖50个国家[2]；支付宝被法国巴黎春天、芬兰航空、南非观光巴士接入；美图旗下MakeupPlus曾数次登顶韩国App Store免费总榜；比特币成2017年世界投资市场新宠儿；吃鸡游戏火遍全球……无国界的移动互联网，不受地理空间限制，世界用户诉求同等被发掘，移商渗透也不再区分国界。

如果把人类历史比喻成一场与空间距离作战的历史，马车象征冷兵器，车船飞机是热武器，移动互联网一定就是核武器。信息桎梏消失，世界距离变短，网易公开课在家也能上哈佛，第89届奥斯卡颁奖典礼上的乌龙被世界网友吐槽刷屏，特朗普（Donald Trump）的表情包可以无国界使用，信息以前所未有的速度在全球传播共享，坐在家中就能遍知天下事。

无国界的信息传播，让全球各地的消费者和商家连接不再有盲点。跨境电子商务冲破了国家间的贸易障碍，国际贸易走向无国界贸易。一部智能手机“买全球、卖全球”，中国用户可以在亚马逊、网易考拉海淘，国外用户也能上天猫，世界小得好像是每个人身边的商业街，全球商品任意挑。中国“双十一”、美国“黑五”已经变成世界级商业盛会，阿里速卖通业务最北到达格陵兰岛，最南到达阿根廷，消费再也没有国界限制。

原本各个国家各自分裂的小市场，因为互联网无边界属性而变成全球统一的大市场，移商的全球化渗透方式也变得简单了。按照传统商业逻辑，一个企业实现全球化，必须先到不同的国家，租办公室、招聘员工、找本土合作伙伴，完成一个个国家的本地化才能最终实现。但现在只需要把产品做成

1 2018年初Airbnb百度百科数据

2 猎豹移动2017年发布数据

多国语言版放到应用市场上，就可以被全球几十亿人同时下载，以最简单的方式迅速完成全球化。企业的扩张，没有国界壁垒，引进来、走出去，成为移商新物种成长法则之一。

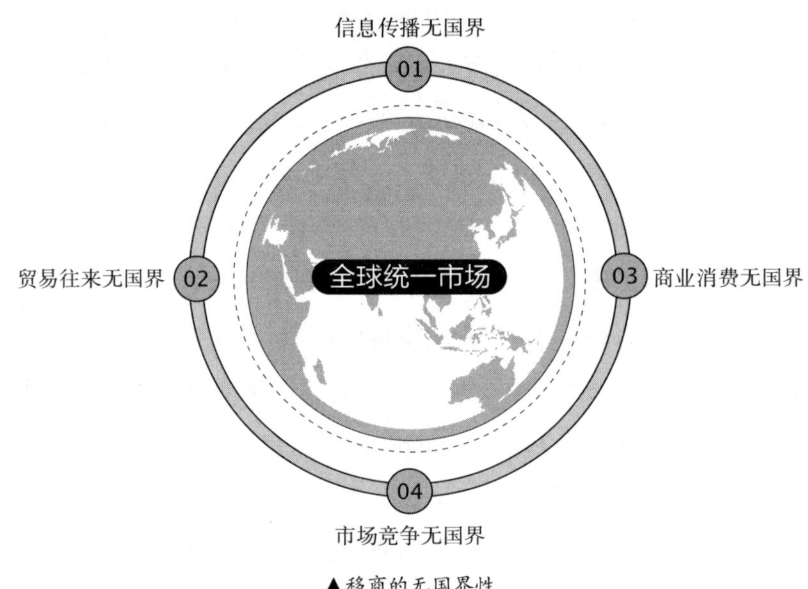

▲移商的无国界性

在完全开放的市场中，好的项目创意、好的商业模式会被全球点赞，并且复制，任何角落的任一企业都有可能变身为全球化企业。中国的共享单车，刚刚在全球掀起一股新趋势，美国就出现LimeBike等本土共享单车品牌。美国创业公司Snapchat推出阅后即焚功能，在很多国家就出现一堆模仿者，跨国界的交流与竞争变为常态化。

十几年前托马斯·弗里德曼（ThomasL Friedman）写了一本书《世界是平的》，曾预测在信息传播、科技创新的推动下，传统权力阻隔将会彻底打破，未来世界是平的[1]。今天，随着移商快速渗透全世界，书中预言正在发生，空间和阶层障碍消除，世界连成整体，全球一体化实现。

1 [美]托马斯·弗里德曼（ThomasL Friedman）.《世界是平的》[M]. 湖南科学技术出版社，2006

移商赋能力

无边界的创新，无盲点的渗透，将信息不对称抹平，商业交易行为更加公平，消费不再因为空间距离变化而发生改变。从广度到深度，未来移商的这种渗透肯定还将继续下去，并且每一次渗透都基于用户的需求而产生。当然，就算渗透的程度再深，盲点几乎消失，机会也还是存在的，痛点也并不会完全被解决，并且随着时间的推移和消费的升级，新的痛点出现，人们依然可以找到颠覆的机会。

任督二脉的打通

在武侠小说中，但凡武林高手，练成绝世武功前必须先打通任督二脉，任督通则百脉通。将武侠小说情节放入移商生长轨迹中，道理也一样。上游供应，下游分销，这是商业流通的“任督二脉”，一头承载供应端，一头连接需求端。当供需的边界效应被打破，商业的“任督二脉”被打通，不管你的产品需求量有多大，在互联网上总能得到满足，没有品类限制，更没有数量限制。

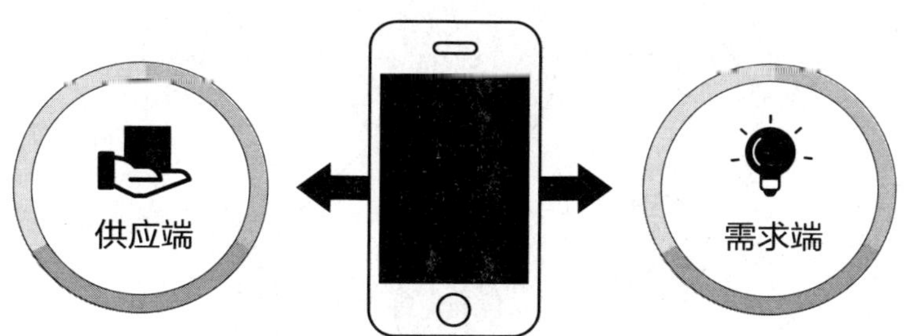

▲（移动）互联网连接需求供应两端

◎超级供应商

知乎上提一个问题，可以得到无数答案；想找明星同款，淘宝上无数店铺可以提供相同的选择；需要紧急批量采购产品零部件，各种电商平台可以短时间轻松搞定。移动互联网就是一个超级供应商，连接了全世界的生产制造者，体量超越世界所有批发市场、超市和商场的总和。供不应求在某种意义上变成了一个伪命题。

一点接入全球覆盖

当上游分散供应端被移动互联网整合连接，供应通路被拓宽，需求端规模化问题也就得到了有效解决。每一个具体的SKU（库存量单位）背后，可能都存在成千上万的供应商，既有大企业、品牌商，也有中小企业、家庭作坊，甚至还可以直接把供应伸向生产源头，实现原产地供应。找产品、找货源变得简单，只需一个关键词，遍布全球的产品都能轻松搜索、响应。世界变成了每个需求者集体的供货仓，构建全球供应体系，变得越来越普遍。

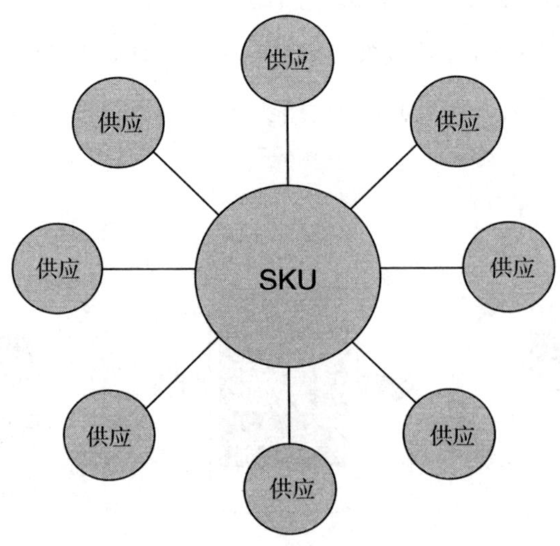

▲一个SKU背后存在成千上万的供应商

在天猫生鲜平台搜索芒果，既有来自广西的、台湾的，也有来自泰国的、澳洲的，每一个地区都存在无数不同的供应者。任何时候，我们都不用担心买不到。信息、产品、服务、创意、技术、人才，在互联网超级供应商这里，都有着无数来自全世界的供应源头。

每个人都变成供应源

移动互联网也对供应模式进行了重塑改造，特别是在共享经济思维下，原来各种闲置的社会资源被重新整合利用，各种新的供应模式出现，上游供应能力不断释放。在InnoCentive上张贴技术难题，全世界科学家都可以递交解决方案；闲鱼上每个用户都可以把自己的闲置物品供应出来；杭州政府牵头的共享泊位停车平台——共停，每个家中有空闲泊位的人，都可以将闲置时段推放出来。把有需求的人和有资源有技能的人，通过互联网连接起来，这种模式在今天并不少见，供应端的价值被重新挖掘，供应的量级被无限放大。

如果说上面这些在供应商的选择上还存在门槛，那UGC（用户生产内容）就是真正在源头上打开了限制。一部智能手机，用户可以随时拍摄有趣的视频、照片，上传到网络；一个新闻事件，任何人都能利用手机，把所掌握的新闻线索传到微博、微信上。数亿手机用户共同生产着无数的内容信息，每个人都成为供应源。

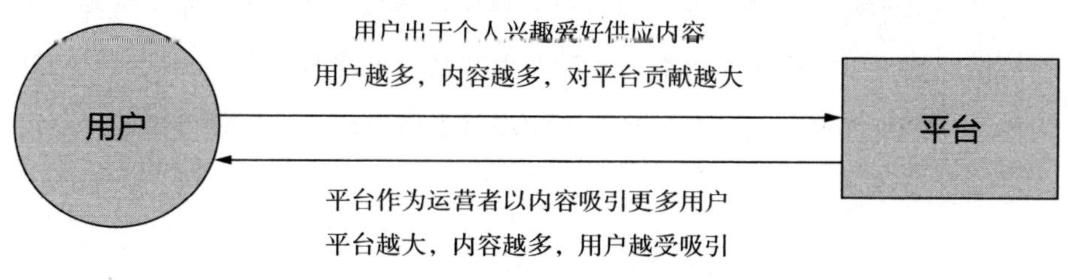

▲UGC内容供应逻辑关系图

对于移商新物种而言，互联网不仅带来生产力的飞跃，还带来更高效、更丰富的物质产品，缩短供应周期，扩大供应范围。它集聚人力、技术等资源，不断优化配置，实现供应商资源的整合，推动提升整个供应链的协作效率。更特别之处还在于供应商和用户之间不再割裂，而是紧密联接、高频互动，并且随时可以转换。移商对供应端的改造，已然是一个更令人瞩目的大趋势。超级供应商，成为移商这种商业形态追求的终极状态之一。

◎ 无障碍送达

不管外部环境如何变化，商业本质都不会变，都是将上游供应端商品通过某种形式送达至用户手中。当上游供应不存在问题时，接下来需要关心的无非两点：一个是渠道通路，一个是用户对象。

渠道更直更多

传统商业里，源头生产商面对的一级消费者，往往只有渠道代理商，向下还有层层分销代理，链条最后才是用户。但技术和思维的革新，带来了新的渠道模式。移动互联网连接全球无数用户，信息传输成本趋近于零，用户获取商品信息的成本也趋近于零。

免费的信息传输，将生产商与消费者更直接地对接。原来弯曲的渠道线条变得笔直畅通。例如“原产地直供”概念，通过一个电商App，就能一头连接供应端，一头连接需求端。阳澄湖大闸蟹、东北五常大米、烟台红灯笼大樱桃，以及各种田间地头产品，不用经过农贸市场、水果批发市场，就可直接送到用户手中。

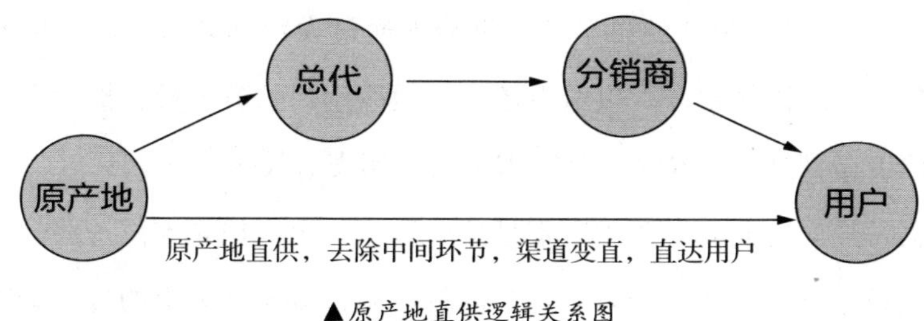

▲原产地直供逻辑关系图

移商对渠道的重塑不仅更直，也更多。传统互联网时代线上线下渠道是割裂的，大多数企业都是单渠道运作。实体企业严重依赖线下分销代理模式，电商也只靠线上分销。但每种单一渠道总有各自无法弥补的缺陷和无法覆盖的地方，最终企业都无法最大限度地将商品送达至所有用户。现在，线上线下被打通，实现全渠道分销体系，二者之间互为补充，相互呼应。其中，最有说服力的案例是小米开始从线上走向线下。这种线上线下渠道的全覆盖，供应与终端之间被无缝连接。在这些纵横交错的渠道通路里，总有一条通路可以将商品送到需要它的每一个用户手中。

在全渠道分销体系中，商品供应按照每种渠道的特性进行精准匹配，每一条渠道的信息也都能够实现实时、可视的共享。当线上有顾客需求时，如果仓储中心库存不足，在其可调拨区域的末端门店仍有库存，后台系统就会进行智能化分配，让用户的订单得到最快速的响应。

从源头预先掌握需求

过去经常听到这样的新闻："中国游客在日本抢购电饭锅，在澳洲抢购奶粉"。当旅游变成一种变相采购，背后所反映的问题是高质量的电饭锅、奶粉的供应量不足。庆幸的是，移商正在改变它。通过移动互联网不仅可以买遍全球商品，而且供给端与需求端也在精准对接。

用户通过手机进行采购，移动互联网将分散的用户需求整合，明确需求的“质”与“量”，反映给供给端。供给端通过大数据分析，做出精准的供应量预判，实现以销定产。供给端还可以根据用户的需求量，扩大产能进行精益生产，做到从需求端来、到需求端去，实现有效供给。

天猫每逢大促必有“预售”就是这个道理，用户预先支付一部分货款，然后再统筹生产，在预定期限内生产适量产品，流向有需求的每一个用户。这样一来，供应的终极源头直接被抓住，对用户而言真正的无限量供应成为可能。

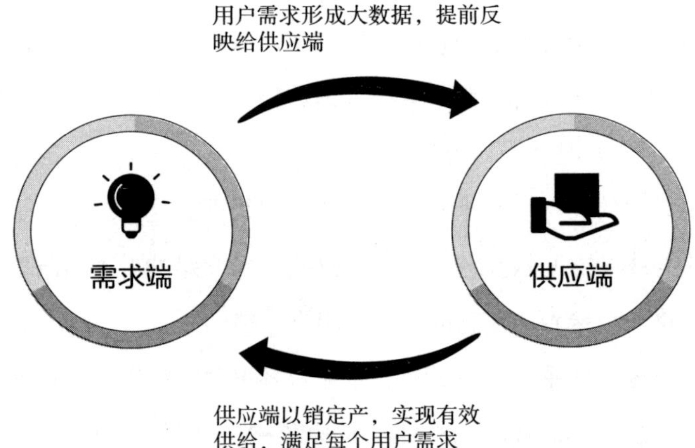

▲从需求端来、到需求端去

好比一个快件，配送路线明晰，用户信息掌握，最终快件必然送达至用户手中。在移商所构建的商业生态中，因为供应端与终端用户的渠道沟通更加畅通，每一个用户的需求都能精准且无障碍到达，终端的无限供给得以保障。

移商赋能力

不论是上游供应端，还是下游分销渠道，归根结底都是供应链的问题。毕竟，商业无论发展到何种程度，所讨论的问题都无非是如何提升供应链的效应，满足消费者的商品需求。移商对供应链的再造，无非就是用“+”的思维去做“-”法，利用互联网的技术、思维，整合商流、物流、信息流、资金流，让整个供应链的流程更短、反应更快、路径更透明。

平行的创业体

移商新物种不断繁衍，就独立个体而言，影响的不止是日常生活，还有人生轨迹。无边界的互联网，开启无边界的人生，带来另一种不囿于身份的全新活法。三只松鼠、御泥坊和茵曼争相IPO，开个淘宝店也能走向上市；金融八卦女、李老鼠说车、女神进化论先后融资，一个公众号可以养活一个团队。开源开放的土壤让一切皆有可能，一场全民运动让社会阶层不断地流动。机会均等，身份平行，创业成为一种普适性职业行为，每个人都是平行的创业体。

◎红利效应

一个点子就能改变世界，没有任何资源也能创办一家公司，互联网实际是一种浪漫主义。浙大经济学教授赵伟曾在他发表的一篇专栏文章中说，历史上大多数技术进步都是在提升创业门槛，只有小部分技术进步会降低创业门槛，例如互联网[1]。

有了互联网，知识信息自由流动，社会资源壁垒被打破，风投资本加速聚集，方向选择多样化，产品生产变得简单，全民创业成为可能。没有围墙也没有禁锢，每个人享受同等机会，这正是时代带来的红利效应，更是独属于这个时代的魅力，所以今天谈创业必有的前缀一定是“互联网时代”。

资源开放　知识共享　风投资本　多元选择

▲移动互联网所带来的创业红利效应

开放的资源平台提供平等机会

以往创业成功率与难易度，总与个人背景和资源挂钩。机器工业时代机器、厂房等资源要素一般只掌握在少数财富垄断者手中，普通工匠基本没有创业的可能。PC时代普通大众也少有机会接触互联网，创业还是集中在少数拥有丰富社会资源的精英人群。但现在移动互联网让每个人几乎拥有同等资源，这意味着人类文明史上我们第一次如此接近平等。只要一机在手、人在线上，人人都可以通过互联网获得大量资源。

网商银行、微众银行等互联网银行让创业贷款难不再是问题，腾讯众创空间、天搜大创平台等开放平台持续提供着资源共享空间，微博、微信、今日头条等开放媒体创造着更多对外发声的机会。要开店上阿里巴巴，要当创作人只需要注册一个百家号、大鱼号。创业成为普通大众人人可参与的事业，成千上万的淘宝店主、开放平台应用开发者、自媒体人都说明了这一点，各种大平台的开放资源都向普通大众无限敞开。

1　浙大CRPE赵伟.《互联网属于什么样的技术进步》[J].《浙江经济》，2015年第18期

▲天搜大创平台的创业扶持

知识技术共享打破专业壁垒

一个人所掌握的知识技能，不管什么时候都是他创业的关键。不同的是，互联网普及前教育资源的不平衡让每个人掌握的知识技能并不平等，现在尽管这种不平等依然存在，但依靠移动互联网实现“智脑”与“人脑”结合，每个人都能轻松获得各种知识、技能、经验。

网络课堂拥有全世界优质课程资源，知识变得透明，只要学习能力强，一个人能同时掌握多种技能，获取大量专业信息，再不会因为不了解、不熟悉某一领域知识，而错失机会。从开源软件到技术众包，普通人即使不懂技术也能进行技术创业，利用互联网把世界变成自己的技术中心。创新理念、商业模式、发展经验，通过互联网被学习借鉴，迅速引爆各种创意。创业所必须掌握的知识技能，都可以通过互联网迅速掌握。

创投资本降低创业成本与风险

创业真正走近普通大众，背后离不开与互联网同时兴起的创投资本的发展。

创业启动时掏空家底做市场，一分钱难倒英雄汉，失败了一无所有。创业，讲究的是资本比拼，过去这根本不是普通人玩得起的游戏，只有资金实力雄厚的人才敢说去创业，挺过市场竞争。而现在，通过出让公司股权获取发展资金，创业者从资金的问题中解放出来。即使创业失败，损失也仍然可控，重新创业的机会依然存在。

天使投资、VC（Venture Capital，风险投资）、PE（Private Equity，私募股权投资）成为这场全民创业的燃料提供者。资本在创业中的作用越来越大，当初京东在上市前共融资12亿美金，但如今饿了么已累计融资50亿美金，滴滴融资200亿美金，融资规模比PC互联网时代放大10倍以上。活跃在中国市场的1.3万家创投机构[1]，像魔法棒一样激活无数创业者，给予所有人同等机会。

滴滴5年融资历史（不完全统计）

时间	轮次	金额	投资方
2012年7月	天使	数百万美元	天使投资人王刚
2012年11月	A轮	300万美元	金沙江创投
2013年4月	B轮	1500万美元	腾讯
2014年1月	C轮	1亿美元	中信产业基金、腾讯及其他机构
2014年12月	D轮	7亿美元	淡马锡、DST、腾讯
2015年5月	战略投资	1.42亿美元	新浪微博基金
2015年7月	E轮	30亿美元	中国平安、阿里资本、腾讯、淡马锡、中投公司

1 投中集团不完全统计数据

续表

时间	轮次	金额	投资方
2016年2月	F轮	10亿美元	北汽产业投资基金、中投公司、中金甲子、中信资本、赛领资本、鼎晖资本、春华资本、民航股权投资基金、四维图新
2016年5月	战略投资	10亿美元	苹果
2016年6月	战略投资	6亿美元	中国人寿
2016年6月	F轮	45亿美元	苹果、中国人寿、蚂蚁金服、腾讯、阿里巴巴、招商银行及软银
2016年9月	战略投资	2亿美元	富士康
2017年4月	G轮	超55亿美元	招商银行、软银、高达投资、银湖投资、中俄投资基金、交通银行
2017年12月	战略投资	超40亿美元	软银、阿布扎比慕巴达拉公司

多元风口给予创业者更多机会

移动互联网永远不缺机会，更不缺发现机会的眼睛。仅2017年就有共享单车、无人货架、新零售、无人驾驶、人工智能、产业互联网等热点轮番爆发，从ofo到缤果盒子、商汤科技、蔚来汽车，其中就有不少抓住风口的创业者。

互联网的浪潮，不断地通过新的技术和商业理念，发掘出新的热点。每条产业链的每个环节，都在被互联网重新塑造，从而产生新的价值空间。行业集中度进一步削弱，无限垂直化的各行业不断诞生新的领头者。创业方向变得多元化，电子商务、本地生活、跨境电商、互联网金融、内容创业……移动互联网+细分行业，+创新技术，+新颖模式，掘金者层层涌现。

在红利效应不断释放的过程中，越来越多的人加入创业者行列，“创业者”已经不只是一个名词，而是一个时代特征。

◎“种族”解放

当创业成本不断降低，当选择机会变得更多，99%的条件都已经完备，剩下的只是迈出去。因为一个想法，因为一个共同目标，在北上广深杭这些互联网基因充足的城市，很多人轻松迈出这一步，创业变成一种生活方式。

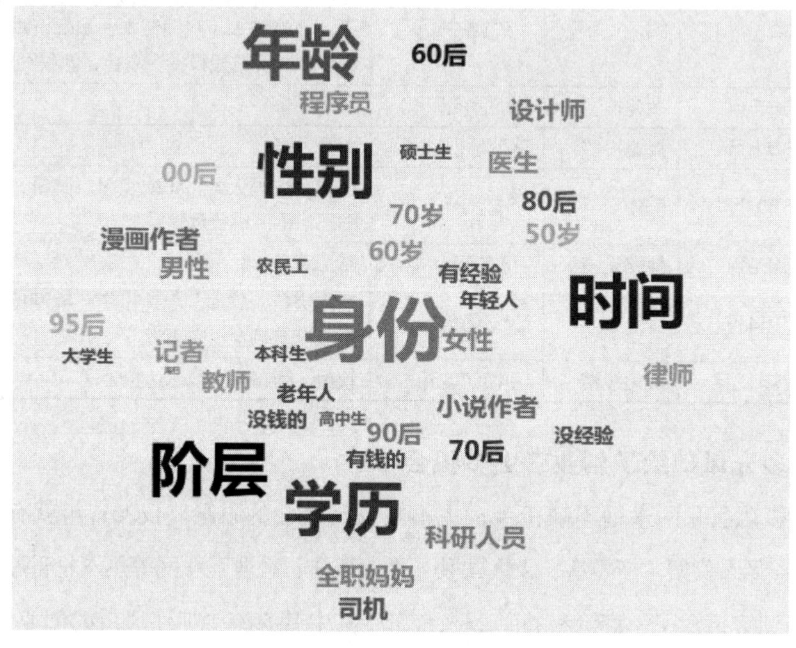

▲创业不再受身份、年龄、阶层、学历、时间等限制

医生、教师、媒体人、程序员离职创业渐成风尚。记者出身的丁丰和胡玮炜，前者创办了二更，后者将摩拜单车推向了城市的大街小巷；妇产科医生陈驰下海成立了小猪短租，占据国内互联网短租市场的半壁江山；前新东方老师李石紧紧抓住“互联网+教育”的风口顺势而上，琢磨文化应运而生；还有那些不甘示弱的全职妈妈们，蜜芽刘楠、年糕妈妈李丹阳、奇育记魏晓媚，以及象牙塔里的大学生如饿了么张旭豪、大疆创新汪滔，这些名字在今天的互联网创业江湖里都不陌生。创业，不再受到身份限制。

年轻的90/95后成为创业主力军。戴威、郭列、陈安妮、李靖头戴90后创业者的光环，让ofo、脸萌Faceu、快看漫画、公众号“李叫兽”走入大众视野，也因此位列“2017福布斯中国30位30岁以下精英”榜单之中。甚至更年少的00后，杭州初中生茅何创办映迹工作室，带着旗下科技类直播自媒体走入云栖大会。那些“银发创业一族”也不遑多让，杭州《都市快报》前总编朱建在50岁那年辞职创业，后来带着24季私享家重新归来；猫王收音机创始人曾德钧也在57岁那年为圆梦再次走上创业路；褚时健在75岁的高龄再次创业，并以“褚橙”重振声名。年龄，对创业者来说，不分大小。

女性也成为创业潮流中一股不可忽视的新生势力，游戏规则因为“她力量”再次洗牌。花点时间朱悦怡重新定义悦己电商、咪蒙马凌在争议中稳坐现象级自媒体教主宝座、in谢旭用图片玩转新生代社交模式、Magics伏英娜让虚拟IP走进现实、创客宝范春燕在“互联网+智慧零售”领域不断发声……直面自身企图心的女性，以创业者身份绽放着独特魅力，性别在创业这件事上彻底被解放。这两年女性创业者增长速率已经达到男性的两倍，上海等地女性在互联网创业者中占比高达55%[1]，甚至超越男性。

学历学位也不再是创业者的必备要素。从来没上过大学的吴欣鸿，让美图成为无数用户的装机必备软件；只有初中学历的贵州苗族青年曹欢，也可以凭借自媒体平台50多万粉丝，成为农村短视频领域的成功创业代表。移动互联网让我们甚至可以不必辞职就能去创业，微商、自媒体……一切闲暇时间都可以成为你的创业时间。

就像一场浩荡的种族解放运动，在这个移动互联网时代，无论什么人什么阶层，都能以创业的方式一秒钟掌控世界。不管是普通人还是富二代，有经验或者没经验，未及弱冠抑或白发苍苍，面对创业这件事，跨越身份界限，大家权利平等、机会平等、规则平等。

“革命正在发生，但地点并不在实验室，也不在公司中，是在千千万万

1 上海市妇联数据

的普通创客身上。”[1]而这些创客之所以能在这样的时代，不断改变世界，正是因为移动互联网、移商所赋予的基因。

移商赋能力

互联网革命的真正意义不在于人们有更多的选择，而是我们能够通过互联网“产生创意、制造产品”，所以互联网创业总能迅速造就一批年轻的富翁。但永远不要为了创业而创业，一定要基于有好的想法和对某一方面非常精通，能够利用移动互联网实现这种想法并带来社会价值，或把经验知识传递出去。

1 [美]克里斯・安德森（Chris Anderson）.《创客：新工业革命》[M]. 中信出版社，2015

快 更 迭

微软离破产永远只有18个月。

——比尔·盖茨（Bill Gates），美国微软公司创始人

无障碍变异与复制

当边界消失，一滴雨露就能催生一片森林，新物种的生长很容易进入失控状态。2015年互联网金融赛道新增2000余家P2P平台[1]；2016年移动直播平台全面崛起，百“播”大战极速爆发；2017年共享成为超级热点，累计近70家共享单车企业用1600万辆自行车[2]迅速攻占大街小巷。无论是变异还是复制，唯快不破的基因构成，让移商的行进速度总是这么惊人。

◎消失的技术墙

Kik Messenger刚实现移动即时通信，米聊、微信等就迅速追上；LBS技术刚从军事领域走向移动终端，很快Facebook、Twitter、Foursquare等企业就加入市场角逐；Instagram才以强大的滤镜功能俘获众心，近百种滤镜工具相继登陆苹果App商店；桌游狼人杀刚刚风靡，几百个狼人杀App立马加入战局。亦如当初PC端各类官网的疯狂复制，移动端App扎堆，背后不可忽略的真相是，移动互联网技术墙越来越低。

在新商业路径中，专业的技术众包服务出现，为零技术经验者找到出口，移商群体的创业技术障碍轻松解除。大学士、算客工场、程序员客栈、快码、天搜、开发宝等一大批技术服务商（平台）涌现，它们有的以专业领域为突破口，有的侧重全面的技术服务，潜伏在各种技术领域。

---

1 网贷天眼发布的《2015年P2P网贷行业报告》

2 国家信息中心分享经济研究中心发布的《共享单车行业就业研究报告》

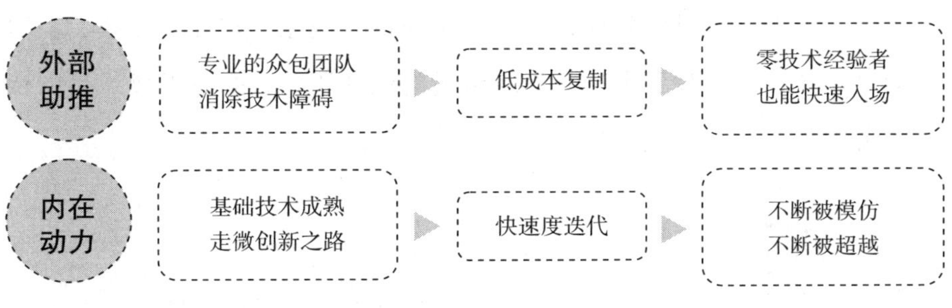

▲移商的技术门槛越来越低

Html5、二维码技术刚刚流行，就迅速成为商家普遍的营销技术手段，“首草先生的情书”、奥妙的“谢谢妈妈”、金地的“老爸给我十块钱”等H5火爆朋友圈，这些没有相关技术的企业也能快速玩转移动互联网。技术众包早已成为移商快速成长的重要武器，其背后的推动逻辑是低成本复制。

低成本复制，本质是以规模经营换取单位成本降低、总体收益增加，实现技术的快速复制。一个产品二维码生成与识别，仅需0.1元即可实现；很多平台提供免费的H5制作，即使是内容、技术更复杂的H5制作，也能找到平价的解决方案。技术复制的价格门槛越来越低，技术驱动的多种创新方式，移商群体都能将其通过技术众包商（平台）迅速运用到商业运营中。

如果说专业的技术众包是通过外部力量来推动移商快速前行的，那么微创新则是移商快速抢占市场，实现产品迭代优化的内在动力。5G大门即将敞开，基础技术成熟的移动互联网，技术增长周期正迈进平稳的长尾期，微创新成为移商运营常态。

通过不同算法，滤镜工具衍生出名画效果的Prisma、胶片色彩的VSCO、时尚清新的潮自拍等多样风格的摄影App。简单的微创新，就能让一款产品被列入数百万人的装机清单。即使是大名鼎鼎的iPhone系列，从iPhone5到iPhone8的升级，也只是一些微创新技术的不断叠加更新，就连添加“打光”这样的拍摄效果，都能成为iPhone8 plus发布会的展示要点。区别于颠覆式技术的划时代效应，微创新带来的是场景、产品、效率、消费等渐进式升级，着眼于小处、不断试错的创新逻辑，必然形成产品的快速迭代。

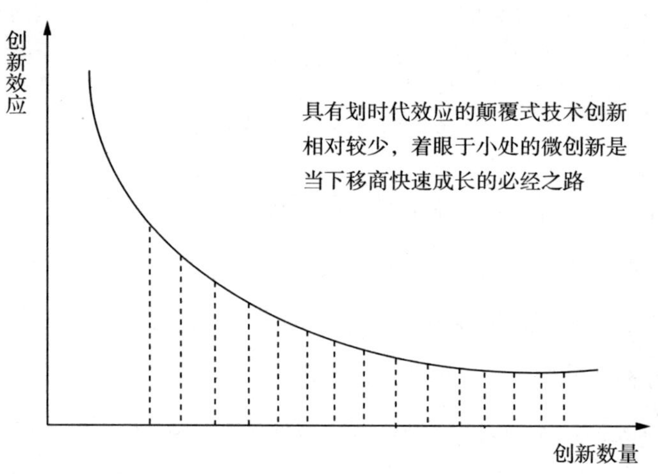

▲移动互联网的技术增长周期正迈进平稳的长尾期

快速迭代，指向的是功能全面覆盖，不断完成消费者期待的产品升级，表现为技术越来越精密，且随着技术对细节的完善，产品体验层次也越来越高级。一方面，单一功能向多功能演化，形成大而全的综合型产品。正如新上市的每一款手机几乎都自带滤镜功能，还附有图片剪裁、虚化处理、美肤效果、光影调节等多种功能。另一方面，单个功能的丰富程度逐级递增，不断满足各种小而精的个性化需求。比如从9步到4步，再到1个步骤完成旧衣估值的估估宝，正是通过微创新为用户实现更好的体验输出。

单靠技术壁垒来完成商业价值的构建，只能在短时期建立优势，但当技术增长进入长尾期，在新商业浪潮中将难以长期保持优势。

◎被破译的模式密码

商业模式作为持续经营的基础架构，是决定一个企业怎么赚钱、能不能赚钱、能赚多少钱的关键利器，指向的是驱动企业的核心竞争力。过去，宜家、ZARA、沃尔玛可以凭借商业模式的内部复制，跻身世界500强；也因为强大的产业链壁垒，商业模式难以被对手复制，行业领头地位至今难以撼动。

随着移动互联网的深入，模式设计趋向“短平快”。边界消失的世界越来越扁平化，企业借力“互联网+”平台，商业模式的基础架构越来越简单透明，竞争绝缘层越来越薄，内外复制也越来越快。

阿米日记以“代理+分销”模式，打造了基于朋友圈的信任机制，以某种产品——紫草膏为切入口，高效接入消费流量，形成供应端与消费者短程互动的销售网络。借助移动互联网和微信分销系统，进行供应链管理，每一个有朋友圈的人都可以成为阿米的售货员和消费者，高效易操作的轻快模式让“紫草膏”式产品迅速遍地开花。丝巾品牌北京故事、静安面包房、麦吉丽面膜、姚老爷雪梨膏……不同企业平行复制，以相似的模式快速在商业上取得成功，甚至引来云南白药、同仁堂、立白、白云山等大型品牌商纷纷效仿。

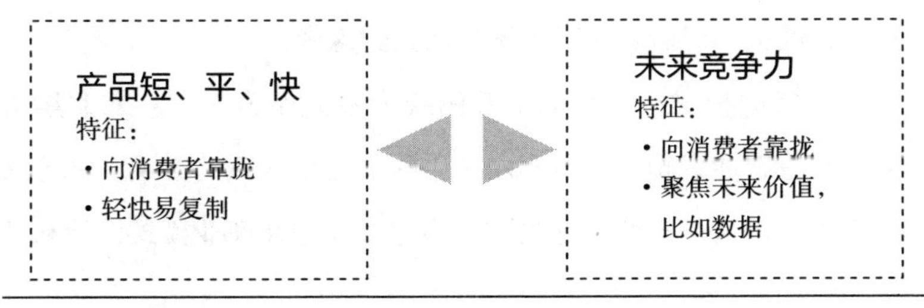

▲模式设计的两个趋向

不同于传统商业模式设计，网络化时代、新商业形态都在向消费者核心靠拢，直接变现能力不再是第一考量准则。高效的供应链管理、庞大的数据库存、跨界的多领域合作等是有效挖掘未来潜在价值的方式，是移商业态中模式设计的另一重要趋向。任何企业都不想在未来失去竞争力，纷纷朝相同方向聚焦，这也成为今天新商业模式快速复制的重要原因。

无人货架以融资约30亿元的超高起点[1]，成为“无人”模式中最被资本看好的零售方式。一个小小二维码，为商家建立用户信息搜集和分析窗口，不仅获取用户的微信号、手机号、地理位置、消费商品、公司名称，还能进一步获悉用户的消费频率、饮食偏好、在哪里出外勤、可能和谁认识、可能和哪些公司有业务往来等更精准的个人数据。数据获取能力，是移动互联网赋予“无人货架”模式最强大的基因密码。截至2017年底，在不到一年的时间里，引来了果小美等超过50家“无人货架”入局者，因为他们深知：谁先抢到市场，谁就能拥有价值巨大的精准数据。

搭载智能助手Alexa的智能音箱Echo，实现了对电子书、电台、照明、闹钟、健身、烹饪、音乐、购物、外卖等多个平台的功能连接。这种“1+*N*”模式，让用户消费体验的流量成*N*倍速率增长，甚至能让Echo成为未来家居生活的超级集成窗口。苹果HomePod、Google Home、小米小爱同学等也迅速加入智能音箱市场，除此之外，还有的不惜以低于百元的超低价格去抢占市场，谁也不想成为人类未来生活的边缘者。

或如无人货架模式，以全面铺开的线下服务作为入口，来汇集用户数据；又或者参考智能音箱，通过不断聚合线上流量入口的方式，来抢占用户数据，聚焦未来价值。这两种是当前很多移商业态在商业模式设计和推进时的重点。

1　数据研究机构Talking Data发布的《2017无人货架行业白皮书》

无论是以短平快的模式架构换来主动复制，还是对未来价值先机的被动式抢占，扁平的移动互联网让商业模式透明化，相互模仿成为移商群体的竞争常态，如何在相似模式中完成更好的商业表达，才是赢得竞争的关键。

同样是房屋共享模式，小猪短租强调原汁原味的住宿分享，鼓励房东向不相识的房客分享自己的家；途家则用“Vashare”模式建立起基于所有权共享的预付费会员度假服务与交换体系，实现使用权和所有权的共享。同样是快闪店营销，丧茶以“毒鸡汤”的创意实现流量爆棚；饿了么推出的宇宙食力能量站结合《星球奇境》宇宙特展和黑科技语音点餐系统，成为2017年11月的新网红。

在高度透明的新商业世界，商业模式几乎没有密码。无论是亚马逊、苹果这样的巨头，还是阿米日记、果小美、途家这样的新企业，更细节、更新奇的商业模式设计，才是这个用户为王的个性化网络时代所需要的模式基因。

◎超速裂变的产品力

电视剧《人民的名义》热播，表情包界有了新晋网红“达康书记”，手游界冒出了“GDP捍卫者”“侯局长威武”两位新人，淘宝上各种剧中人物同款商品纷纷热卖，英语四六级考试多了“veteran actors(老戏骨)”“abscond(潜逃)”这些必学词汇，自媒体更是以各种不同方式疯狂借势怒刷存在感。在移商世界，一个爆品的裂变效应是超越大多数人想象的。

罗辑思维有一期曾经讲到，能够整合社会的力量只有两种，第一种力量叫以暴力为后盾的权力；第二种力量叫以自由为前提的市场。在无边界的移动互联网世界里，信息高度透明纷杂，市场自由被无限放大，社会资源更易整合，商业主体身份界限被弱化，导致竞争更趋白热化。这些特性映射到产品上，就是对信息的主动抓取、快速适应和体验升级，进而导致产品的性能裂变和版本迭代，以及无限拷贝和跨界复制。

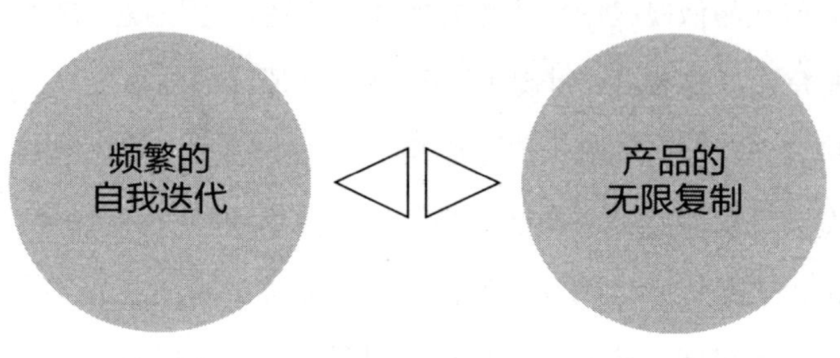

▲产品裂变的两个方向

微信二代，功能还仅限于摇一摇、朋友圈、文字聊天、通信录；到了微信六代，就可以视频、语音、支付、理财、游戏、购物……尽管只迭代了6个版本，但中间系统更新却十分频繁，新功能不停上线。产品不是设计出来的，而是“改”出来的。根据信息的变化，产品功能不停裂变，丰富、替换、修改、升级，用户体验随之迭代。

Windows Phone8到Windows Phone8.1，只增加了通知栏和方向锁定等功能。换到国产定制Rom身上只需要一周便可修复的问题，WP（Windows Phone）却用了足足一年。之后的Win10 Mobile正式版推送日期更是后延至少8个月。这些问题导致WP全球占有率迅速下滑，跌至1.7%[1]。与PC端一统江湖的地位不同，Windows系统在移动端的溃败，很大程度上是因为产品更新速度跟不上信息变化。如果微信更新频率从200次变成20次，网民睡前必刷的可能不是朋友圈，微信也会像Windows Mobile系统一样渐渐被淘汰。要想甩开竞争对手，产品就得不断改进，只有快速迭代，才能成为创造需求、满足需求的赢家。

1 Gartner于2015年11月发布的智能机市场份额统计数据

超速裂变的产品暴力不仅是自身性能的频繁迭代，更是类似产品的无限复制，表现为平行领域的形式裂变、垂直领域的种类细分和跨界的核心意义扩散。

2016年，引人注目的付费问答平台——分答上线，这款现象级产品以60秒语音问答形式，迅速引爆“付费问答”领域。嵇晓华（网名姬十三）在一分钟问答基础上，又推出一刻钟问答产品——吱，与前期推出的一小时问答产品——在行、一对多知识传播产品——MOOC学院和果壳等相配合，建立起覆盖轻量级、中量级到重量级的多样化知识服务，形成一条知识传播产业链。“分答”的这种自我裂变效应迅速在同行竞争之间扩散，一大批“付费问答”产品或更新或上线。

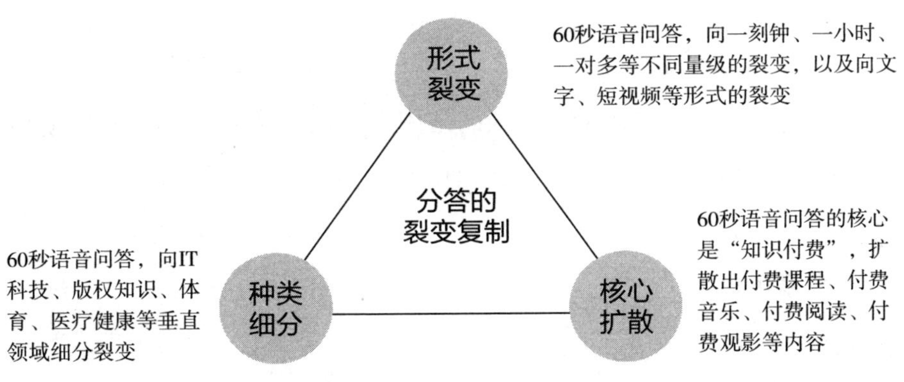

▲以分答的裂变来看产品复制的三种形式

分答上线第二天，知乎举办了第一场Live，并以每天一场的速度扩散，开启社群式实时问答，在分答之外衍生出另一种付费问答模式；20天之后，早在2月上线的值乎，随即推出3.0版本，改为语音问答，还借鉴了分答的“1元听”等功能，堪称完美复制；2017年，短视频付费问答平台——问视上线，在语音之后刷新出新形式——“短视频”问答。从文字到语音再到短视频，“付费问答”的产品形式越来越多样。

不同于分答宽泛的问答范围，专注IT科技领域的知了、专注版权知识领域的利知、专注体育领域的映答、专注医疗健康领域的来问医生等垂直领域细分型付费问答产品也纷纷出现，付费问答的产品种类也越来越细分。

甚至，“分答效应”从付费问答走向更广的知识付费，付费课程、付费音乐、付费听书、付费阅读、付费观影等知识付费形式越来越普及。每天10分钟的《李翔商业内参》创造出超千万元的年销售额，吴晓波频道拥有40万付费会员，喜马拉雅FM、得到、开氪等平台的付费课程都成为最有竞争力的产品。它们都是知识付费这一意义核心的跨界扩散。

不限于知识付费领域，移商在互联网金融、共享出行、无人零售、短视频、移动电商、直播问答等任何能带来流量和变现的领域，都能实现产品的快速裂变。

有着多样路径选择的产品裂变，无论是形式裂变、种类细分，还是核心扩散，映射的是移动互联网的成熟和移商快更迭的DNA属性。要在商业竞争中建立优势，能提供实现用户定义和期待的产品才是关键。

移商赋能力

移商业态的超快复制，是技术壁垒弱化、商业模式趋向透明、产品极易裂变等原因所致，指向的是技术、模式、产品的快复制。随着技术、模式壁垒越来越薄，产品将会是移商竞争中最好的突破口。而想凭产品在快更迭的移商业态中取得优势，要么比对手更快更迭，不断且快速升级性能体验；要么以“慢”制快，花时间打磨“慢”产品，每一次更新都精益求精，凭借扎实的内容和服务取胜。

生长极的瞬间引爆

移商快更迭的基因属性，若反映在产品的生命周期上，呈现出的是急速爆发、急速冷却两大特性。用照片记录旅行轨迹的足记，一夜之间刷爆朋友圈，但很快昙花谢去；把真人拍成漫画的魔漫相机，用户数很快破亿，却也转眼归于沉寂；用各色卡通头像在社交网络疯狂刷屏的脸萌，也如短暂流星，仅隔数月就在App商城急速冷却，而后出自同一创始人之手的Faceu再度爆发。任何移动互联网产品的生长路径里，都有一条定律：生得快，长得快，一个踉跄，死得更快。

◎无缝分布的“媒”

无论是分答引爆“知识付费”生长极，还是超级课程表从明星项目走下神坛，任何企业或产品的生长，都离不开“传播”，或者说“媒”。王思聪在分答上的提问答案，超过12万人收听，这12万人就是让分答快速生长的“媒”；余佳文的负面消息，就是让超级课程表差点走向消亡的“媒”。

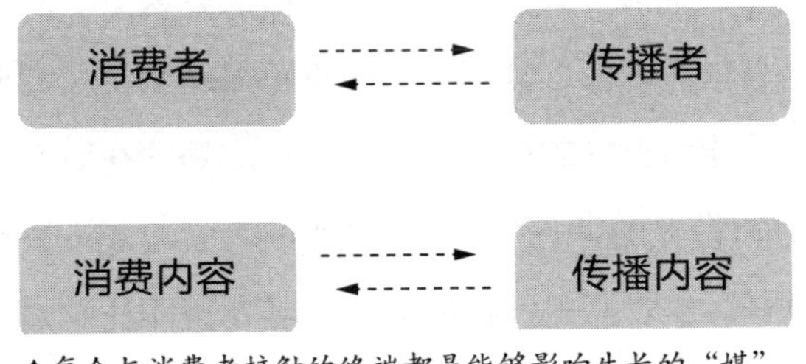

▲每个与消费者接触的终端都是能够影响生长的“媒”

“媒”这种介质不再局限于专业媒体渠道的传播，每一次消费、体验、观点表达、分享，都是“媒”产生的地方。边界消失的移动互联网时代，消费者就是传播者，消费内容就是传播内容。每一个与消费者接触的终端，都是能够影响企业生长的“媒”，并且以各种形式分布在消费生活的方方面面。

媒，可以是媒体本身。作为信息载体，以内容制造去触发大众消费，自媒体就是这类介质的典型。网红主播MC天佑据传被今日头条以2000万元入驻报价挖角，因为他是可以触发3000万级别粉丝，以超高流量带动火山小视频快速生长的大“媒”；咪蒙能以一篇《你哪有全力以赴，你只是尽力而为》，从小米公司获利，以100W+的阅读量引爆小米6手机的销量，因为她是精准指向小米6手机消费群体的大“媒”；黎贝卡的异想世界成为新三门版MINI YOURS加勒比蓝色限量款的“首发地”，以一张“黎贝卡×MINI”的场景图片精准连接高端时尚女性，让100台限量款MINI在几分钟内售罄，这是人格信任建立之后形成高转化率的大“媒”。

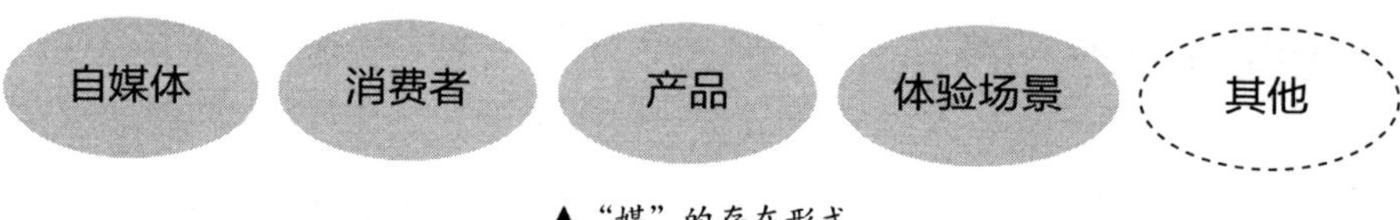

▲“媒”的存在形式

媒，可以是消费者。以内心感受的真实涌现，去传播消费者的本真想法。每个人、每件事、每样产品都能被消费者打分，并被消费者传播。不做广告的老干妈，是很多嗜辣食客“媒”眼中的满分酱料，经过移动互联网的扁平式口碑传播，成为绝大部分家庭的必备单品，甚至登陆亚马逊，走进了欧美人的厨房；总能做出好歌单的网易云，在成熟的在线音乐平台中脱颖而出，靠着忠实用户粉丝的评论“媒”，快速成为音乐App中的一枝独秀。消费者“媒”可以让一个产品迅速扩散成为爆品，也能让它陷入重重困境而面临危局。

媒，也可以是产品。或者以高质高效守住消费者，形成口碑，促成产品的快速扩散；或者以平庸表现失去消费者信任，降低消费频次，形成消费转移，引发产品的急速消亡。同样是二手交易平台，爱回收是前者的代表，京东酷卖是后者的体现。

换个角度来看，“媒”也存在于消费体验的各个环节。它能以场景形式存在，用新鲜体验去撬动分享的奇点。大悦城为顶层餐厅配上摩天轮，以360度就餐视野体验迅速成为“魔都”地标。并且大悦城还结合互动黑科技，设置了爱情圣地摄影区。消费者不仅可以随时拍出置身巴黎的度假“大片”，还能通过爱的电话亭给爱人朋友留言，甚至打开“一千零一夜”互动窗，体验爱情电影经典场景；或者在高科技魔镜前，看到几十年后白头偕老的幸福模样。在这里消费的每帧场景“媒”都能成为朋友圈的分享元素。回到线上体验场景，2016年横空出世的抖音，通过视频拍摄的快慢，以及原创特效、滤镜、场景切换等技术创造视觉刺激，形成短视频社交新场景，自带魔性的抖音以15秒聚集各种炫酷视听元素，激发潮流男女转发分享，迅速实现日播放量过亿。

今天的移商业态，不需要像传统商业那样面面俱到，只要单点突破，就能触发消费契机，让消费者成为企业的传播者。因为分享变得简单，所以触发消费者分享传播、使用体验的“媒”无处不在。但要真正抢占消费者心智，让消费者持续分享，实现品牌的价值增长和超长生命力，最终都将走向多种“媒”的无缝分布。正如韩寒当初创办的ONE，从一张图一句话的单一“媒”，向图文、问答、阅读、音乐、电台、连载、影视、线下活动、快闪书店等多类“媒”进化，多向渗透消费体验，才能实现多点触发，促进品牌快速成长。

◎认知的一次性构建

当产品种类、信息通路、消费成本不再限制消费者意愿，当传统的物理化认知标签向情绪化标签转变，消费者对产品的认知构建也从过去的“认知—不断认知—美誉—购买”向“场景—情绪—认知即消费”过渡。从认知到消费的流程被简化，当前场景下的情感偏好就能决定用户是否消费。也就是说，一个场景能促成一次或多次消费，也能导致用户直接流失。

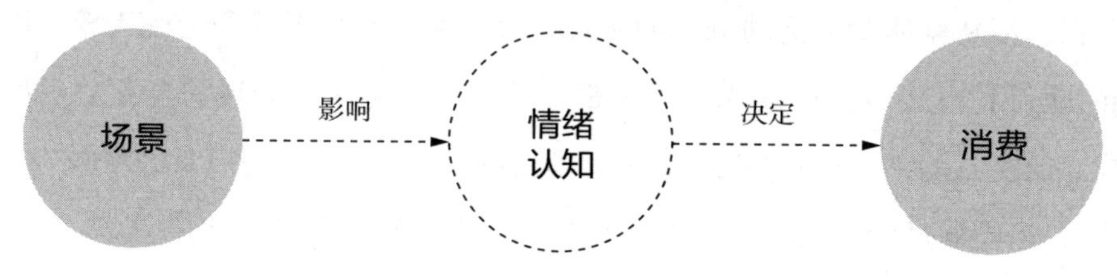

▲一个场景就能影响认知，直接促成消费

时装周Burberry大秀，开启边看边买模式。不仅现场观众可以把喜欢的款式直接买走，而且所有线下门店现场直播，消费者可实时下单购买。这就是以时装秀场景激发情感认知，直接促成消费。在美宝莲的品牌活动上，代言人Angelababy直播两小时卖出10000支口红新品“唇露”，转化实际销售额达142万元人民币[1]，初次认知即促成大量用户消费。愿意尝试新事物的用户，认知方式已发生改变，消费行为更易促成，导致产品的销售和扩散更加快速。越来越多一次性构建认知的方式，被运用于移动互联网时代的商业运营中。

2018年初席卷网络的偶像养成类真人秀节目《偶像练习生》(后文简称《偶像》)，就是通过一次性构建认知实现商业成功的典型。对于选秀节目中国人并不陌生，但“送偶像出道”的信念却从未如此鲜明而强烈。“养成”认知的萌芽很快化作行动，粉丝自主发动力量拉票、应援，把自己当成偶像的命运决定者。最终，以近2亿投票、超10亿播放量、超百亿阅读量的话题热度，引爆9位偶像的“养成”。

认知的本质是做决定，意义在于促成行动。如何通过认知的一次性构建，完成产品的瞬间爆发呢？《偶像》的爆发能给我们一些答案。

---

1 郭苏妍.《靠两小时直播卖出10000支口红，美宝莲是怎么做到的？》[N]. 第一财经周刊，2016-04-30

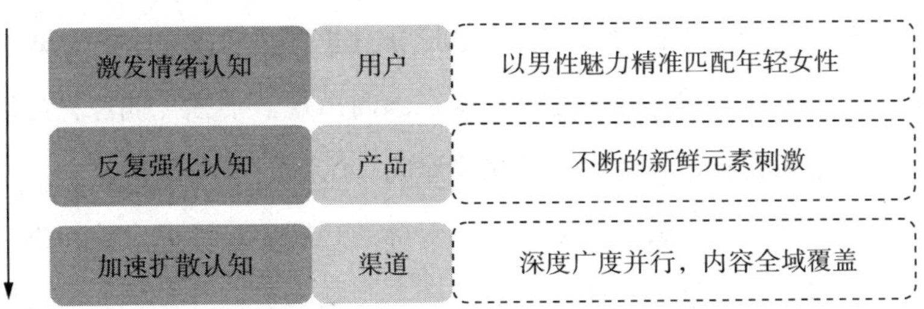

▲《偶像练习生》对“偶像养成”认知的一次性构建

中国流行文化的主导权正传递到95后、00后的手中，其中女性更是流行文化的重要消费力量。《偶像》选择100位相貌英俊、受过专业才艺训练、与受众年龄相仿的男性练习生为主角，匹配年轻女性的喜好。通过“越努力越幸运”的口号，以满满的正能量打开当代年轻人的内心诉求；以韩式校服、干净的运动衫等装扮，塑造偶像正面形象；通过辛苦练功、表演瑕疵、真实泪水、内心想法吐露等真实画面，展现偶像的养成过程，精准激发同龄女生感性情绪认知。

为了还原“养成”过程，《偶像》拉长节目时长，公布排名就能占用一期节目；为每位练习生都设有专属投票通道，把粉丝称作“全民制作人”，由粉丝决定谁能出道，充分赋予粉丝参与感；针对性推出《练习生的凌晨零点》《偶像有新番》等衍生节目，全方位记录偶像蜕变历程；充分利用爱奇艺粉丝社交圈，在泡泡社区推出“给偶像练习生的信”“明星来电”，带给粉丝沉浸式追星体验；甚至上线偶像游戏、同人小说，匹配年轻女性娱乐方式，不断制造新鲜触点，以各种场景亲近用户，反复敲打，强化认知。

同时，借助内容的全域营销，实现大规模的流量变现。与爱奇艺平台内的《音乐大抖腿》等内容联动，增加曝光率；通过微博制造各种话题抢占热榜；并在微博、小红书、你我贷等平台开通投票通道，多维度扩散《偶像》；结合赢取门票、人气前五名登上陆家嘴花旗大楼广告墙、粉丝见面会等多种福利，激发粉丝参与热情，培养超级粉丝，加速扩散“偶像养成”认知。

偶像养成类真人秀，并不是第一次在国内出现。唯独《偶像》能形成热潮，正是因为其快速完成对目标受众“养成”认知的一次性构建。

以精准人群匹配，激发情绪认知，对标的是用户，讲究定位精准；以多种新鲜元素刺激，反复强化认知，对标的是产品，强调反复刺激；以内容全域覆盖，加速扩散认知，对标的是渠道，重在效能组合。移商对任何产品认知的快速构建，都是用户、产品、渠道三大要素高效配合的过程。随着用户认知情绪“偏见”倾向越来越明显，认知会越来越倾向一次性构建，消费决策将越来越快速。

◎比你更快的用户

更新潮、更有个性的抖音才流行起来，就有用户从快手分流出来；iPhone8没有达到果粉预期，就有用户等不及iPhoneX的发售，转向华为、三星、小米等品牌。移动互联网突破时空边界，海量信息超速扑面而来，选择极其多样，个人意愿不受限制，用户转变也越来越快，前一秒还是你的粉丝，后一秒已经转移目标去消费其他产品。

品牌传播学告诉我们，基于知名度、美誉度两个维度形成消费购买行为之后，是忠诚度的建立，以促成产品持续复购和品牌影响力的扩张。在去中心化的移动互联网时代，每个人都能形成自己的中心，产品、价格、品牌等不再是消费最重要的诱惑因子，消费者不再忠诚于品牌，而是更多忠诚于自己的体验。

选择多样，没有不可替代的产品

根据抽象图案推测词语的疯狂猜图曾火爆朋友圈，各种“疯狂猜X”系列不断推新，但因为游戏关卡更新速度太慢，而游戏攻略出炉速度太快，用户缺少挑战刺激，游戏热情很快冷却，用户心智很快转移到史上最难的游戏、找你妹、2048等其他休闲益智游戏；当这些游戏被用户熟悉，用户手机上的游戏又被candy crush、消消乐、保卫萝卜所取代。产品迭代速度跟不上用户变化，那可选择的多样化就会使用户很快被其他产品占领。

艾媒咨询分析师指出，“85%的用户会在1个月内将其下载的App从手机中删除，5个月后，App的留存率仅为5%。”从QQ转向微信，从酷我转向网易云音乐，从ofo转向哈罗单车，从美丽说转向网易考拉，从美图秀秀转向VSCO，此类用户转移在移动端非常普遍。随着用户手机中的App越来越多，在一个产品上倾注的时间、货币、精力越来越少，尤其是社交属性较弱的工具类App，只有用户需要的时候才会被下载，黏性较差，可替换性强，转移成本更低。

尊重自我，主观感受决定一切

当有些人还在用各种相机工具修图美颜、卖萌扮可爱时，很多人已迷上了一键卸妆。腾讯开发的MAKE App，堪称朋友圈照妖镜，独特的卸妆功能，轻松“照亮你的丑”，朋友圈女神玩得不亦乐乎。当有些企业还在想尽办法让用户把更多时间停留在App上时，Forest却让用户别做低头族，在手机上种树，一滑动手机树苗就会枯萎。用户心思瞬息万变，那些更关注自我的用户，其体验多是主观性感受，除产品和服务本身的客观影响外，用户主观心理的变化恰恰是最难掌握的。

▲ 专门解决低头族问题的Forest页面

制造差异，在用户体验环节寻找突破口

可以肯定的是，用户体验正在成为移商业态竞争的焦点。无论用户是否忠诚，在用户的实际体验环节找到差异化突破点，成为构建产品竞争力的第一步，包括产品自身品质、消费流程体验、售后服务、惊喜制造等。小米用极高性价比的产品设计，塑造出优质的用户体验；盒马鲜生的30分钟到家服务比当天到家更能满足用户的即得要求；七天无理由退货的京东，用完善的售后服务为用户制造私人体验期；天猫快闪店“回忆超市”冲到线下，让时光倒流20年，感动无数用户。

很多移商群体选择通过沉淀用户美好体验库、粉丝维护等方式让用户主动陪伴产品成长，以文化认同在用户心中形成独特区隔。主张“为发烧而生”的小米，将与行业对手的竞争重新定义为对粉丝的争夺，充分发挥粉丝用户的参与感，不断沉淀用户体验库，让产品更符合用户体验需求，引导用户主动代言。

移动互联网的世界里，有越来越多忠于自我的用户，价格、产品属性等不再是影响消费决策最重要的因素。未来企业单靠产品和技术形成的竞争力都将难以持久。制造差异化用户体验，引导用户主动参与，正在成为移商争夺未来个性化用户、构建企业核心竞争力的重要手段。

移商赋能力

边界消失的移动互联网时代，“媒”无缝分布在各个角落，认知构建正以一次性方式形成，用户转变速度远超过产品，造成产品的爆发与冷却都极其快速。移商要在这个时代的用户心里站稳脚跟，重要的是让产品升级跟上用户体验升级的脚步，并与用户构建文化认同，为用户的认知升级植入企业的品牌文化。

顾客是重要的创新来源。

——汤姆·彼得斯（Tom Peters），美国管理学大师，被誉为“商界教皇”

C的痛点=着力点

从未有任何一个时代像现在这样，用户的声音与力量如此彰显，深刻融入商业文明的骨血之中，成为移商DNA的重要特征。互联网去中心化的特征放大了每一位用户的地位与意义，让企业看到了用户自我意识觉醒后的商机。于是C2C、B2C、P2C、S2C、C2B等以C（Customer，即用户）为主角的商业模式频频涌现。

以往传统厂商虽然也强调“顾客至上”，但这种“至上”更多指向售后服务，产品决策过程仍由厂商主导。到了移动互联网时代，随着用户消费观念的转变，用户痛点成为一切商业的起点，深刻影响着产品设计、研发、生产、售后各个环节，产生了引擎般的驱动作用。

致力于解决最后一公里的配送痛点，顺丰联合申通、中通等物流公司打造了丰巢，现已覆盖全国70余座城市，在2018年伊始它再次获得20.7亿元人民币的巨额投资[1]。直指购物中心痛点，口碑App能够查询商圈周边的停车位并在线支付停车费，还能够免去热门餐厅排队的困扰实现在线排队，重构了新零售时代购物中心的人、货、场，目前已跨入了月活（月活跃用户人数）千万的俱乐部[2]。产品必须源自用户痛点，已经成为移商群体的共识。旧痛点的解决与新痛点的挖掘也促进着新物种产品的多样化。

◎痛点即生产力

物种在进化，商业也在进化。当消费升级浪潮开始，我国社会主要矛盾

1 顺丰、申通、韵达2018年1月陆续公告

2 易观2018年初发布《中国移动互联网2017年度暨12月TOP1000榜单》

转化为人民日益增长的美好生活需要和不平衡不充分的发展之间的矛盾，从生产者主权到用户主权的变化，已成为这个商业新时代的重要标志。用户至上，成为商业的至高准则；找痛点，变成一切创新的基础。

刷了一天的淘宝还没挑到心仪的牛仔裤，你心想“如果能根据我的喜好进行定制就好了”，于是C2B、C2M等定制模式应需而生；下地铁到公司还要走十几分钟，你心想“如果有一辆自行车就好了”，所以各色共享单车密布街头巷尾；在医院挂号排着遥遥无期的队，你心想“如果在家就能提前预约挂号就好了”，微医、平安好医生等平台让你梦想成真；在商场试衣间穿了脱、脱了又穿，你心想“如果不用换装就能看到衣服在身的效果就好了”，购搭、衣脉智能试衣镜等改变你的购物体验。

“如果……就好了”，是很多人常有的心理活动，当用户脑中浮现这句话时，就有了“渴望而未得”的事物，即有了痛点。因为痛点自带“尚未实现的目标”，并且凭用户一己之力实现目标的成本较大，这也就为移商群体带来了机遇，通过挖掘用户的痛点，不断丰富产品品类，实现“百花齐放、百家争鸣”。

▲相对于需求，痛点具有隐蔽性

在移商所创造的新商业中，用户真正掌握了市场选择权，动一动手指就能对企业生杀予夺。所有爆品也都起始于用户痛点，所谓风口更是国民性痛点的集体爆发。产品、服务、渠道、营销一切都基于用户痛点而发声。与看得见摸得到的实体产品不同，许多移动互联网产品提供的是看不见摸不到的虚拟服务，如果一经体验，未能为用户某方面的痛点提供完美的解决方案，卸载就是产品的唯一归途。在用户的主权之下，企业只能主动迎合。

不论是让记忆单词不再枯燥的百词斩，让输入速度能够跟得上语速的讯飞语记，让出境游不再因为语言不通而担忧的有道翻译官，还是让文档扫描、管理更加高效便捷的扫描全能王，这些都是凭借对用户痛点的精准把握，在各自的细分领域让市场眼前一亮。用户的痛点与渴望，已然成为最重要的一种生产力。

当大数据成为描摹用户画像、了解用户需求的一种常规手段时，移商群体却反其道而行之：通过对“小数据”的观察，捕捉到这个社会群体所体现出的欲望，进而挖掘出用户痛点[1]。

为什么澳洲人最常用的表情符号是胶囊，为什么电影的这一段选择快进，为什么洗澡时喜欢唱歌，这些无足轻重的行为背后隐藏的微线索就是小数据。小数据常与情感、情绪相关联，存在于每一个生活细节当中，包括我们喜欢吃哪个品牌的快餐，爱发什么类型的朋友圈，喜欢使用哪种功能的牙膏……基于移动互联网的万物连接，凭借见微知著的敏锐嗅觉，移商群体以小数据为起点，做到“由此及彼、由表及里”。

1 [美]马丁·林斯特龙（Martin Lindstrom）.《痛点：挖掘小数据满足用户需求》[M]. 中信出版社，2017

▲小数据存在于细节中

母婴电商蜜芽宝贝创始人刘楠的创业旅程就始于对小数据的观察。怀孕期间，她想给宝宝挑选世界上最好的母婴产品，却在挑选中对海淘产品的质量和安全性产生怀疑。这种怀疑，就是一种小数据。在与其他也为挑选母婴产品而犯难的妈妈们的交流中，刘楠体会到这种焦虑普遍性存在，即这种小数据具有一定程度的普遍性。她开始凭借出色的英文能力，带着这些妈妈们研究Amazon、Zulily、Vente-privee、Gilt等全球各大电商平台的母婴产品，很快成为妈妈群里的意见领袖。当刘楠对妈妈们在母婴产品上的渴望进行深入观察、研究和认知时，最初的小数据通过了验证。蜜芽宝贝的上线，以及其短短两年连获四轮融资，证明了真正戳中用户痛点的产品所具有的巨大发展空间。

◎ 伪需求陷阱

成功的移商创业者都是相似的：找到用户痛点；失败的移商创业者很多

也是相似的：未能触及用户痛点。每个创业者都在寻找痛点，但遗憾的是，并不是人人都能找准痛点。因产品没有真正的市场需求而陷入伪需求陷阱，这是导致创业失败最常见的几大原因之一，也是移商群体无法回避的一个现状。

2017年VR行业仍未迎来爆发，人们对于黑科技一般的虚拟现实不痛不痒，曾为优酷土豆、爱奇艺等提供VR技术合作的完美幻境屡出破产传言，在大众视野中出现的频率越来越少，VR游戏也进入资本寒冬；即使请到苍井空担任首席用户体验官，主打高星级酒店非全天低价预定的订房宝App，其使用旺季依然只集中在情人节、七夕等少数几个节日，并逐渐走向没落。

真正的痛点背后，必然是庞大的市场需求。痛点不够痛，市场就不够大，产品结局只能是一片黑暗。根据马斯洛需求层次理论可以直观地看到——越是基础性需求，人们的需求量越大。

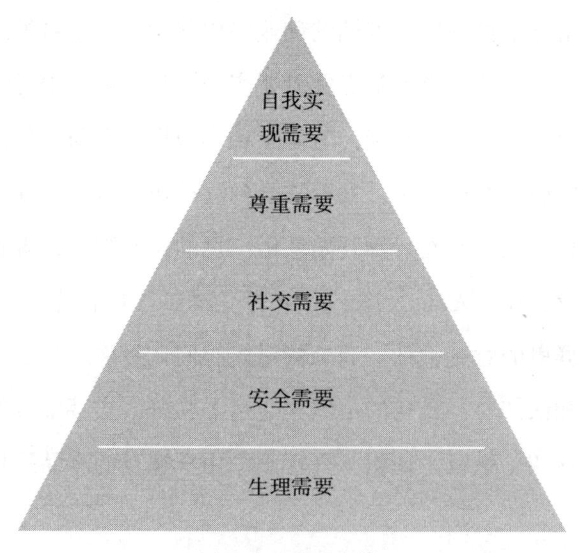

▲马斯洛需求层次等级

从生理痛点、安全痛点、社交痛点、尊重痛点到自我实现痛点，在这五个等级中，层次越低的痛点，往往对应的成功产品越多，越耳熟能详。饿了么、滴滴、安居客、韩都衣舍满足的是衣食住行等生理痛点；春雨医生、掌上看家满足的是安全痛点；探探、陌陌、脉脉、微信、派派戳中的是不同场景的社交痛点；而满足用户尊重痛点与自我实现痛点的成功产品案例，则凤毛麟角。

基础需求的满足就像是“雪中送碳”，代表了人类惯性和生存本能，会在日常生活中高频持续出现；高级需求的满足就像是“锦上添花”，听起来也非常合情合理，可一旦可行性成问题，脱离了用户实际场景，或者让用户难以产生黏性，就更容易变成“伪需求”。

如果说真需求是Needs，那么伪需求就是Wants。前者是人们真正需要的东西，切中的是用户的“真痛点”；后者往往是人们想要但不一定真正需要的东西，切中的是用户的“痒点”。当然“伪需求”往往也具有一定的伪装性，很多时候确实有一部分用户拥有这样的需求，但数量太少，样本量并不足以支撑起整个市场，产品落不到真实大众生活里。就算用“烧钱”的方式去培育市场，一旦没了补贴，用户也会马上流失，缺乏长期持续性。就像ofo刚成立时曾主打“骑行旅游”，但对“骑行旅游”感兴趣的只是小众群体，哪怕他们曾以给每个用户补贴一瓶脉动的方式来拓展用户，但结果是钱快烧没了，市场也没迎来爆发。

把个别需求当成普遍需求，是陷入“伪需求”陷阱的第一步。小数据的“小”体现在细微之处，而不是样本量小。捕捉到用户的小数据之后，要继续扩大样本量，验证小数据在群体中的代表性，明确到底是“伪需求”还是“真痛点”。

当痛点成为一切商业的起点，有人成功挖掘到用户痛点，有人败在伪需求，有人对小数据分析得当，有人败在样本观察量过小。“痛点”二字看似容易，但它是“万事开头难”的“开头”，直接决定了产品功能、定位及与用户的关系，稍不留神，企业就会走上悬崖路。

|移商赋能力|

将用户痛点作为产品的着力点，就是帮用户解决一件力所不能及的事。将这点作为企业的核心竞争力，可以此为基础构建商业帝国。用户痛点无处不在，悄悄地藏匿于生活的各个小数据中，而移商群体正在做的就是将旧的痛点一个个击破，不断去寻找新的痛点，让用户享受一个更加美好的移动互联网世界。在这个过程中，移商群体需要小心不要落入“伪需求”陷阱，确保所挖掘的痛点背后确实对应着较大的市场需求量。

C+C+C+……=产品

在移动互联网到来之前，用户、顾客、消费者几个词汇几乎有着相同含义。随着移动互联网去中心化特征让用户越来越便捷、主动地参与产品全周期，用户不再只是消费者，而是成为产品的一部分。一个产品，从想法，到研发，再到销售，所有环节都与用户有关系。无数用户C的参与、相加，形成产品最终状态。用户参与，变成移商时代最重要的关键词之一。

◎用户定义产品

2016年上汽大通将产品交由用户“定夺”，让用户深入参与汽车的四驱系统、座舱布局、悬挂形式等设计，并推出首款由用户定制的D90概念车；中兴手机在美国启动让用户深度参与的CSX计划，2017年初发布由用户亲自参与设计的Hawkeye原型机；小米从诞生起就强调用户在产品研发中的参与感，在与用户深度互动的过程中，一跃成为估值百亿美金的“独角兽”；而凭借在LEGOS IDEAS平台鼓励粉丝用乐高积木进行创意表达，并且量产投票数较高的粉丝作品，乐高这家已到“耄耋之年”的公司依然生机勃勃，仍是全球最大的玩具制造商。

移动互联网的“去中心化”打破了传统的权力等级，信息传播不再单向，观点的自由表达、内容的自由生产、全流程的深度参与均成为可能。这为“人人都可以成为产品经理”提供了契机，用户潜在价值不断被发现，用户参与路径更畅通，逐渐成为产品的一部分。

从以用户为中心的设计（User Centered Design）到用户参与式设计（Participatory Design），用户感受到参与设计所带来的成就感以及主人翁意识后，主动性、主导性越来越强，甚至与设计师的角色完全对调，自主完成设计、创新等任务；设计师则变身协调、配合、观察角色，帮助用户完善设计，形成最终解决方案。用户的力量被纳入设计环节，也强化了企业的开放创新能力，有助于提升企业的可持续竞争力。

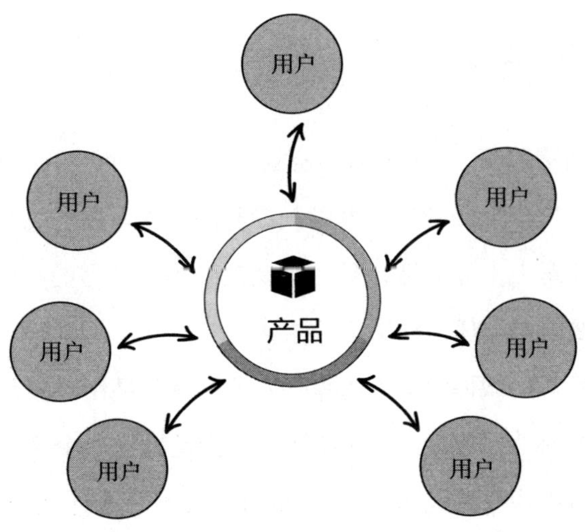

▲用户参与产品设计

除产品设计领域，内容生产领域的单向道也被彻底打破。当互联网进入大众生活时，用户生产内容就成为一种可能，比如曾经风靡一时的BBS论坛。到移动互联网时代，智能手机的便捷性让用户能够更加轻松地上传文字、图片、视频等信息，并进行分享、传播。从微博到微信朋友圈，用户自发生产原创内容的习惯业已养成。与此同时，知乎、简书、喜马拉雅、快手等各种以UGC（User Generated Content，用户原创内容）为主要模式的产品大行其道，用户可以更自由地创作文学作品、分享专业知识与见解、记录自己的生活动态。

对于这些强调UGC内容的产品平台来说，全部内容几乎都由用户自主完成填充。每天知乎新增的问题以万为单位计量，喜马拉雅每日新上传的音频超过百万分钟，快手每日生产短视频内容超过千万条。单向道的打破，彻底释放了用户自我表达的欲望。

当然，为拉近与用户的距离，许多不以用户生产内容为主要商业模式的产品项目也融入了UGC元素。途牛构建UGC任务平台，美联社推出UGC社交新闻专线。为用户开辟通道，鼓励用户参与，成为移商这种新商业形态的发展趋势。

◎参与背后的激励

所谓“无利不起早”，用户参与意愿日益强烈的背后，也是移商用多样化激励机制给予用户某种刺激、鼓励其参与的结果。在信息爆炸的移动互联网时代，用户注意力十分分散，除非感受到磁场般强烈的吸引力，否则他们并不会随随便便就参与任一活动。

有4000万粉丝的微博大V“微博搞笑排行榜”是用户参与度很高的一个博主，被粉丝爱称为“榜姐”，每日都会向粉丝抛出一个话题，例如“说一次你人生中，奋不顾身的经历”“曾经的好朋友，是为什么变疏远的”“哪一首民谣，让你百听不厌”等，让粉丝在评论中作答。由于提出的问题都很实际，很容易引起粉丝的参与、共鸣、转发。

除抛出一个直接、明确的话题，榜姐也会抛出一些专门用于鼓励粉丝之间互动的话题：让粉丝留下年龄和困惑，听听过来人怎么说；可以说出想去旅行的地方，去过的人给出建议；甚至可以留下一个感兴趣的话题，让陌生人陪你聊聊，此类话题互动量常常高达数十万人次。这种超高的参与度，首先是由于话题的高频次，有了一定频率，用户才能形成参与的习惯。其次，互动的情感性比较强，满足了用户释放压力、获得安慰等情感需求，同时也确实帮助一些人以此结缘，诸如“男朋友是在榜姐评论中认识的”这种留言时常可见，这其实是一种精神层面的激励机制，让用户对参与榜姐的互动乐此不疲。

帮助用户感受到被尊重、获得情感上的依赖、找到志同道合之人，这些都是在精神层面上激励用户参与所常用的方式。每月数亿活跃用户在百度贴吧大谈游戏、情感、动漫的过程中找到精神归属；很多产品在测试阶段，都会精心挑选与产品定位最契合的种子用户参与测试，获得“种子用户”这一标签，对于用户来说也是一种荣誉；几乎所有产品都会用成长值、经验值、积分、勋章、收集卡牌等形式构建成长体系，等级越高，用户越有成就感，参与意愿越强，这一点在《王者荣耀》《英雄联盟》《恋与制作人》《旅行青蛙》等热门游戏中表现得尤为明显。

帮助优质参与者完成从“普通”到“专业”的身份转变，是一种更高级的精神激励方式。它用能力的提升带给用户更多成就感，也越来越为移商群体所重视。喜马拉雅FM建立了一整套挖掘、孵化、商业化应用的机制，对草根主播进行培养，让“佳期”“有声的紫襟”“掉掉”等成为知名主播；今日头条启动头条商学院，为内容创业者提供投资、变现、品牌、运营实战和头条策略解读等课程；腾讯推出“百亿流量扶持计划”，帮助内容创业者实现“一点接入、全网接通”的目标。

精神激励这种方式的特点是可持续性强，一旦与用户建立起精神链接就会比较稳固，但过程较为缓慢。物质激励是一种能够立竿见影的方式，常见于产品推向市场的初期。2017年上半年今日头条拿出10亿元补贴其孵化的UGC短视频平台火山小视频，根据视频观看行为及互动情况将补贴现金直接发放至创作者账号，所以火山小视频也直白地打出了“拍视频能赚钱”的口号。现金补贴的刺激让火山小视频的发展就像火山爆发一样，日活跃用户数在5个月内由不足300万发展到近2500万，翻了约9倍[1]，在短视频行业名列前茅。如此大手笔的物质激励，必然离不开资本的支持，这也是资本向移动互联网倾斜之后所形成的一种新型商业逻辑，我们将在第6章“大重构”中详述这种商业逻辑所带来的变化。

摩拜红包车的推出也可谓经典。用户通过GPS定位找到红包车，有效骑行超过10分钟就能获得随机金额的现金红包，既为骑行增加了游戏和探险属性，又降低了车辆调度的成本，是兼具物质与精神双重效果的激励。这种激励方式更为健全，用户参与的持续性更长久。

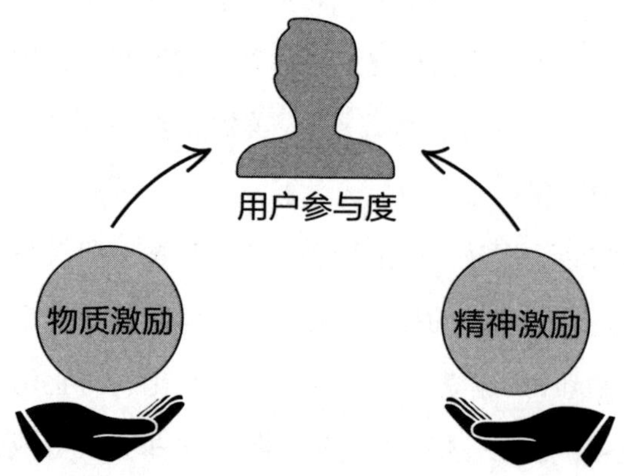

▲物质与精神的双重激励更能确保用户的参与度

1 数据来源questmobile

让参与者拥有变现渠道，并且还兼具物质与精神双重层面的激励，也是目前移商业态中一种常用的激励方式。在2017年直播行业，快手每月直播打赏流水约为5亿元[1]，花椒直播月打赏流水约为4亿元[2]，主播们的努力既获得粉丝们的追捧，又有物质回报。一个“用户生产内容—内容获得变现—继续生产内容”的良性循环形成，吸引越来越多的参与者前仆后继地涌入内容平台。

从目前来看，与其他领域比较，以内容为主的产品在用户参与方面的激励方式更加完善。用户就像一座冰山，能一眼看见的价值只有海平面的十分之一，更多的价值隐藏在海面之下，有待挖掘。而鼓励用户参与的过程也正是挖掘的过程，唯有提升用户的参与度，才能更了解用户，企业所提供的产品与服务才能更契合用户需求。

移商赋能力

移商新物种所构建的商业逻辑中，用户需求始终先于产品而存在，用户主动提前参与好过被动等待用户评价印证。特别是移动互联网的去中心化，让信息的传播由单向转为多向，每个用户都有可能成为中心，参与意愿大大提升。通过精神层面以及物质层面的激励，用户参与感空前高涨。但需要注意的是，对于不同属性的用户群体，要有不同的激励机制，这样才能将用户参与的价值最大化。

1 王珑娟.《刚刚，据说快手融资10亿美元，一半中国人撑起了180亿美元估值？》[N]. 投资界，2018-01-25

2 张杰.《2017年打赏流水预计超50亿花椒直播发布2018年规划深耕上位》[N]. 华夏时报，2017-12-22

C的体验×社交裂变=爆品

从款款新品引爆市场的苹果、小米、特斯拉，到卖出几百亿销售额的加多宝、六个核桃、三只松鼠，不论是新兴互联网企业，还是老牌传统企业，在移动互联网时代都爆品迭出。这个竞争激烈的时代需要效率，而“爆品就意味着流量，就意味着口碑，就意味着销售额，就意味着效率”[1]。

那么，爆品是如何诞生的呢？基于对这一过程的观察，我们从各种成功案例中总结出了三个公式，以便更为清晰地描述在用户力的驱动下，爆品的诞生过程：

公式一：**高性价比+场景化=C转粉**

公式二：C×C×C×……=∞

公式三：**C的体验×社交裂变=爆品**

上面三个公式中，公式一强调优质产品体验能让用户转变为粉丝；公式二中“∞”是数学中的无穷符号，指的是用户的社交裂变效应会给产品带来无穷大的影响；在体验与社交裂变的基础上，就会诞生出爆品，也即公式三。

◎高性价比+场景化=C转粉

凭借亲民的价格和并不逊色于高端手机的功能，小米在2017年“双十一”大战中，史无前例地同时拿下手机单品销量、2000 ~ 2999元价格段手机销量、电视品类销量、各类智能设备品类销量等共计40项销量排行第一，用红米4A、小米盒子3s、小米空气净化器2等一款款爆品刷新了自己的

1 《雷军：做出爆品是互联网时代最重要的事情之一》[N]. 钛媒体，2017-07-12

“双十一”成绩单。截至2017年，小米手机销量在天猫“双十一”排行榜实现连续五年冠军[1]。

超高性价比，让小米有着竞争对手难以撼动的优势。毕竟，一款产品不论功能多么强大，多么具有创新性，如果价格过高，也会将大多数用户挡在门外，很难成为爆品。一味地追求低价也不可行，曾经用无数款低端手机占满市场的老牌手机厂商诺基亚已经深有体会。

高性价比是移商时代爆品所共有的一个特征。传统社会的“物美价廉”体现得也是一种高性价比，但这种高性价比是靠压低生产成本与产品价格来实现的，产品品质只要过得去即可。而移商所塑造的高性价比，是靠“性能”的提高来拉动的，聚合目标受众所需要的功能，不为控制成本而在功能与品质上进行妥协，这是移商时代的用户需求，也是移商在竞争中所演化出的生存方式。

在实现高性价比的基础上，“场景化”是目前比较流行的提升用户体验的方式。在消费升级的背景下，“场景化”是一个常常被提及的概念，新零售领域就十分提倡“场景化购物”。所谓“场景化”，一方面强调用户与地点的联系，如便利店、健身房、电影院、咖啡馆、大型商超等场景都具有可挖掘的商业价值；另一方面，场景化可调动用户的多种感官，在感官上给用户带来前所未有的创新体验。

BFORCE云图与智能硬件厂商合作，推出融合体感、AR、3D、2D、人脸识别等技术的“3D试衣魔镜”，让用户只需要对着“魔镜”挥一挥手臂，就能轻松换装，免去在试衣间穿了脱、脱了穿的麻烦，显示效果几可乱真。这种场景化购物体验，不仅通过智能硬件扩大了移动互联网的影响范围，让用户随时随地享受移动互联网的便捷，同时还调动用户的视觉、听觉、触觉

1 郭静.《苹果、华为、小米、OV，哪家手机厂商才是双十一期间最大的赢家？》[N]. 砍柴网（ZAKER），2017-11-16

等多种感官，强化用户对产品的认知。凭借为零售场景带来的新服务与新体验，BFORCE云图在2017年获得天搜公司的投资。

▲BFORCE云图的智慧换装体验

如果把时间线拉得长一点，就会发现媒介对于感官的调动经历了一个“总—分—总”的历程。文字出现前，视、听、触等感官体验通常是密不可分的。文字出现后，视觉与听觉等割裂开来。到了移动互联网时代，随着智能手机成为人们的第六感官，人们感知外部世界的方式发生了根本性变化，体验新事物、结识新朋友都有与以往大不相同的方式，人们的各种感官体验重新被聚合。

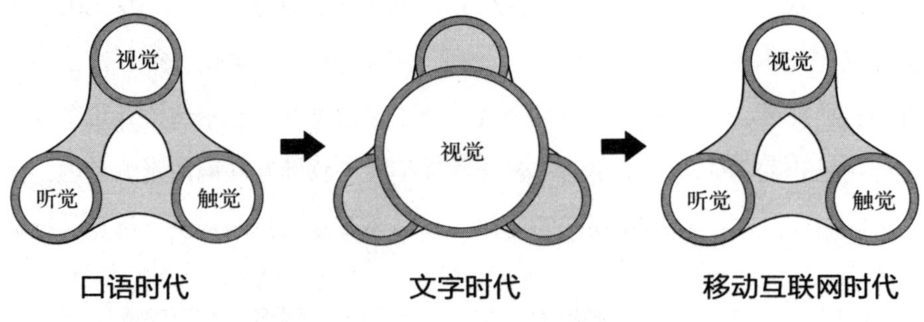

▲在不同时期，感官体验的割裂与统一

罗振宇在2018年初跨年演讲中说："体验是一种可训练的能力，一旦达成，就再也回不去了。"对于产品来说，用户调动的感官越多，用户的体验就越强烈、越深刻，越容易在感官体验基础上形成发自内心的对产品的认可，从而成为产品的粉丝，这在移商业态实践中得到了充分的体现。在用户体验的触发下，诞生了诸多像喜茶一样的门庭若市的网红品牌。

◎C×C×C×……=∞

2016年10月"国民家电"海尔洗衣机举行了一场"静音体验"，邀请用户通过在运行的洗衣机上立起硬币来感受其安静和平稳。很快，立硬币迅速在社交媒体上风靡，用户纷纷将自己在洗衣机上立硬币的照片上传网络，一传十，十传百，实现影响力裂变。同时也吸引了美国、俄罗斯、泰国、英国等十余个国家的用户，有的高手甚至还在洗衣机上用硬币搭建起"凯旋门""广州塔""泰国大皇宫"等高难度造型。在社交影响力的推动下，2017年海尔洗衣机以占有市场14.6%份额的成绩，第9年蝉联全球第一[1]。甚至，在澳洲，海尔滚筒洗衣机的市场占有率更是在短时间内就实现从零到第一的飞跃。

海尔洗衣机的立硬币热潮，是传统行业借助移动互联网实现口碑传播的一个典型案例。通过这种创新互动，全世界范围内更多用户主动参与进来，让不少用户对海尔"路转粉"（路人转变为粉丝）。在这个过程中，首先起作用的是海尔洗衣机的超高性价比，其次是在洗衣机上立硬币的场景化参与、体验，最后是通过社交裂变实现的口碑发酵，三点齐备，让海尔直驱洗衣机成为全球爆品。

1 欧睿国际发布2017年全球洗衣机市场品牌份额数据

根据马斯洛需求层次理论，社交需求是非常重要的一个需求。由于人的社会属性，交流与社交的需求一直存在，随着移动互联网新纪元的开启，人与人之间的社交方式产生了本质变化。著名品牌战略专家李光斗曾指出，移动互联网的本质就是社交，人类正在由一个个个体变成万物相联的新集群，社会属性空前爆发，社交成本无限降低，这将引发社会形态和商业逻辑的颠覆性变局[1]。

移商是这场社交化大趋势的主导者。脉脉等职场社交产品、微信等熟人社交产品、探探等陌生人社交产品、贴吧等兴趣社交产品为人们带来更广阔的交流平台，扩大了社交传播的影响力。基于社交需求，运动、学习、游戏、阅读、购物、音乐等几乎所有类型的移动互联网产品都具有社交属性和分享功能，让用户能够方便地在社交平台上晒出自己跑了多少千米、背了多少单词、游戏打到什么等级、读了什么书、淘了什么宝贝、听了什么歌。一方面借此让用户对产品产生情感依赖，另一方面也通过社交传播收获更多的粉丝，实现影响力裂变。

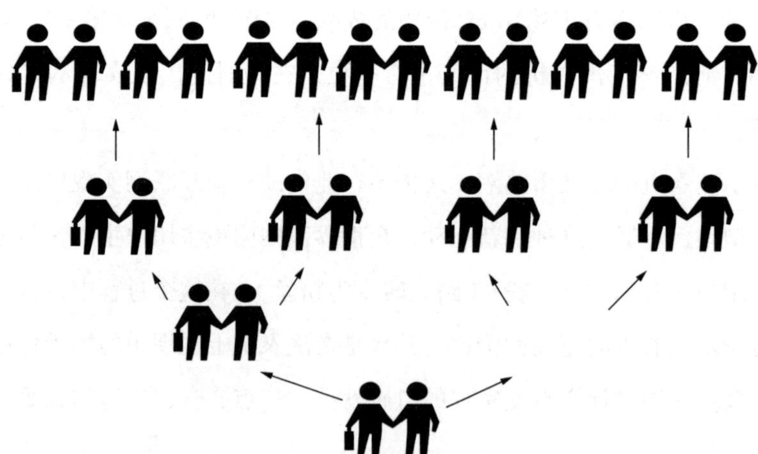

▲一变二，二变四，四变八……社交的裂变力不可小觑

1 李光斗.《移动互联网的本质是社交》[N]. 新浪财经意见领袖专栏，2015-07-15

一切皆社交，无社交不产品，社交正与更多领域产生融合。当我们观看视频，受某些剧情触动而产生交流的欲望，弹幕出现了，它让我们的情感有了宣泄的出口。目前，爱奇艺、优酷、腾讯等主流视频网站都具有弹幕功能，在我国最早出现弹幕的视频网站之一哔哩哔哩（B站）上，用户甚至要回答100道题来证明自己熟知弹幕礼仪，才可以发弹幕。作为视频评论的一种方式，在屏幕上划过的彩色弹幕，能够为用户营造一种多人陪伴的氛围，具有很强的社交属性。

科比（Kobe Bryant）退役视频，粉丝狂刷45万条弹幕，条条都体现着逝去的青春；《寻找手艺》《我在故宫修文物》等纪录片被搬上B站，弹幕中呈现的是暖心的情感力量。与传统一对一、一对多的社交方式不同，弹幕创造了一种群体社交的新模式，可以“抱团取乐”，可以“隔空对战”，大大提升了观看视频的趣味性，还能发酵出更多衍生话题，提高视频热度。弹幕的这种特性如果能够嫁接到更多产品、场景中，或许能为产品带来更多新颖的玩法，催生更多爆品。这一点也值得移商群体去思考。

充分利用流行文化，也是移商业态中打造产品社交属性的一个特点。比如“能发表情绝不打字”成为移动互联网时代一种新社交文化[1]。从表情包三巨头“姚明脸”“金馆长”“兵库北”到无处不在的新表情，一言不合就“斗图”让表情包进化成社交必备工具，迸发出日益强大的生命力。岳云鹏靠着贱贱的表情俘获大批粉丝，被粉丝笑称是“靠表情包火起来的相声演员”。

在表情包潮流中，Faceu激萌、天天P图、表情in等产品顺势推出表情包制作功能。用户可以将自己的照片、小视频做成表情包，与朋友互动，推动了产品的口碑传播。

---

1 李政葳，张紫璇.《移动互联网时代社交文化新观察》[N]. 光明日报，2017-04-17

不论是弹幕的群体社交，还是表情包的斗图社交，都指向了一点：移动互联网时代，社交形式不断革新，新的玩法越来越多。加之移商群体愈发重视产品品质、场景化体验等内功的修炼，未来能让我们眼前一亮的爆品也会日益增多。

移商赋能力

在移动互联网时代，爆品迭出是一个显著的特点。因为信息的高透明性，造成了流量自然向优势品牌倾斜甚至垄断，只有集中所有资源打造爆品，抢占第一的位置，才有活下去的机会。每个企业都希望自己的产品能够成为爆品，而在以用户为核心驱动力的时代，唯有获得大量用户的长久认可，爆品才能在源源不断的流量中诞生。水滴石穿，爆品的造就并非一日之功，每一款爆品的背后，都有着产品的高性价比、场景化的用户体验、社交化的营销与传播，这几点共同形成合力，才能让用户为产品“疯狂”。

大重构

世异则事异，事异则备变。

——韩非子，战国法家思想的集大成者

熔炉效应

这是一个产业大融合的时代，无数新物种在融合中诞生，又推动融合进一步深化。音乐产业与移动互联网融合，不仅在推进版权保护方面取得较大成效，还激发了更多原创音乐的活力和市场潜力；汽车产业与移动互联网的深度融合，让车联网成为未来主要发展方向之一，比亚迪、吉利、大众、本田等国内外汽车巨头均已开始布局；在农业领域，移动互联网的力量更从产业链下游的销售等环节走向上游的生产等环节，改造了农业全产业链……

这种大融合背后，移商新物种的主导作用不可小觑，就像熔炉一样重新锻造着各行各业。这种现象，我们称之为“熔炉效应”。

◎熔合起点：“+互联网”

移商新物种的火速崛起，对传统实体企业造成巨大的意识冲击，让他们知道，原来商业还有这样的玩法。触网成为一种风潮，这不仅奠定产业重构的基础，更掀起一场意识上的重构。实体企业主动变革，不断向移动互联网靠近。

触网，也即“+互联网”，是产业融合的基础。所谓“+互联网”，指的是传统行业借助互联网手段把线下生意搬到线上来，并将互联网技术融合到生产、管理、销售、服务等环节中，以既有业务为基础，利用互联网技术和理念来提高为用户服务的效率和质量[1]。

“+互联网”是实体企业互联网化的第一步。一家女装实体店，将店内商

1 百度百科词条“+互联网”

品放到电商平台进行销售，实现销量及用户的增长，这是“+互联网”；一家出版社，将所出版图书的电子版放在互联网平台上供读者阅读、购买，实现出版数字化，这也是“+互联网”。

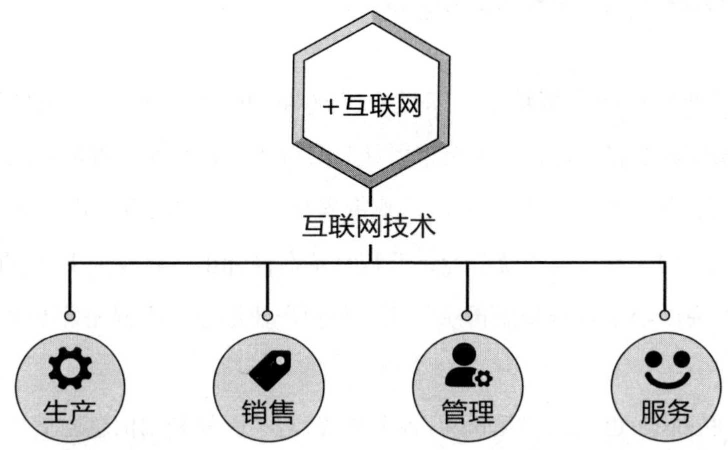

▲+互联网需要将互联网技术融入生产、销售等各商业环节

“+互联网”过程中，作为一种把“线下”搬到“线上”的工具，比PC互联网时代更普惠的移动互联网是企业必须拥有的一种基础设施。实际上，2015年左右我国各行业已初步实现“+互联网”。根据中国互联网络信息中心（CNNIC）数据统计，2014年底全国使用互联网办公的企业比例高达78.7%，通过网站、电子邮件等各种方式在全国开展在线销售的企业比例为24.7%，传统企业已经能够利用互联网来获取和发布信息，并且在电商平台的助力下，迅速在零售领域崛起[1]。

“+互联网”进程的推进，让万千实体企业完成内在重构，重新建立起一个包括移动互联网在内的运作体系。不过，随着时代进步，网络基础设施不断升级，从前只需做到“通网”“触网”就能算是“+互联网”，而在移动互

1 中国互联网络信息中心（CNNIC）2015年1月《第35次中国互联网络发展状况统计报告》

联网的下半场，人工智能、大数据、云计算等前沿技术也将成为企业必不可少的基础能力，“+互联网”进程仍需继续深化。

◎“互联网+”：神奇的化学反应

在产业融合的大熔炉中，如果说“+互联网”带来的熔合是物理层面的，由实体企业自主进行，不是摧毁、只是改进，这只是一种温和式创新。那由移商群体主导的“互联网+”，则带来化学层面的熔合，以一套全新的思维系统，解构并重构传统产业，并带来革命性冲击。就像太上老君的炼丹炉，将移商DNA深深根植于传统行业，重塑产业形态，成就无处不在的数字生活。

“互联网+”也就是“互联网+各个传统行业”，是利用信息通信技术以及互联网平台，让互联网与传统行业进行深度融合，充分发挥互联网在社会资源配置中的优化和集成作用，将互联网的创新成果深度融合于经济、社会各领域，创造新的发展生态，推动经济形态不断地发生演变[1]。

“互联网+”的触手深入各个传统行业，所到之处，无处不进行重构。先进的思维理念、创新的技术以及新颖的商业模式，给传统行业带来前所未有的颠覆。不论是行业运作模式还是用户体验，都与以往不同。

交通出行领域的变化最明显，用户不仅可以通过铁路12306、飞猪旅行、马蜂窝、Airbnb、驴妈妈等App订购火车票、飞机票，预约住宿，还可以通过滴滴出行、嘀嗒拼车、曹操专车、神州专车等平台一键约车。短距离出行还可以选择摩拜、ofo小黄车、哈罗单车等共享单车绿色出行。受益于“互联网+”，不论用户出行距离长短，交通的便利性均大大提升。

---

1 百度百科词条“互联网+”

以淘宝联合天弘基金开发的余额宝为起点，“互联网+金融”将金融以崭新的面貌呈现在用户面前。财付通、易付宝、百度钱包等让支付更轻松；宜人贷、融360、拍拍贷、京东金融等让个人凭借信用就可以小额借贷；开始吧、众筹网等集众人之力就能实现创意项目启动。互联网金融对传统金融的重构，不仅提高效益降低成本，还重新定义传统金融行业的诸多常识，用户的资产价值、信用价值都能获得合理评估，用户不用再去银行网点排队等候，就能享受安全便捷的银行业务体验。

熔合进程中，行业规则也在重构。2016年交通运输部、工信部等七部委共同发布《网络预约出租汽车经营服务管理暂行办法》；2017年中国自行车协会共享单车专业委员会成立，十部委联合发布《关于鼓励和规范网络租赁自行车发展的指导意见》；在互联网金融领域，各部委更是密集发布了《关于促进互联网金融健康发展的指导意见》《互联网金融风险专项整治工作实施方案》《金融业标准化体系建设发展规划（2016—2020年）》《关于加大对新消费领域金融支持的指导意见》等。管理规则的完善，推动“互联网+”在各领域都向着更加规范、繁荣、有序的方向发展。

在“互联网+医疗”“互联网+体育”“互联网+三农”等诸多领域的产业融合与创新也都表明，“互联网+”将粗放的资源驱动型增长方式转变为以创新驱动发展，引领各行各业用互联网思维来进行革新，在行业重构中找到新的机遇和新的增长点。目前，“互联网+”在2C的消费层面上已经取得了丰厚的成果。随着“互联网+”行动计划的深入推进，未来熔炉效应将更多集中于2B的产业层面。

◎企业力重构：纵向延伸与横向跨界

世异则事异。新物种带来的熔炉效应，每个企业都无法置身事外。屹立多年的老牌巨头可能迅速陨落，横空出世的新兴企业也可能迅速占领市场。在产业大重构的进程中，企业座次时刻变动，不得不常怀忧惧之心。故而，积极重构企业力，也成为新常态下移商的一大特征。

延伸产业链是企业纵向重构，也是企业力重构的一种常见方式。所谓产业链，强调的是产业中不同环节间供给与需求的关系，上游环节向下游环节输送产品或服务，下游环节向上游环节反馈信息，上下游之间存在大量价值、信息的交换[1]。打造具有延展性的产业链，整合上下游的资源与服务，能够提高价值与信息之间的交换效率，增强企业的竞争力。

在内容产业里，产业链下游的内容分发是今日头条的强项。甚至可以说，今日头条正是在数据挖掘的基础上成长为内容“独角兽”的。而在产业链上游的内容生产领域，今日头条投资2亿元成立了内容创业投资基金，启动孵化器“头条号创业空间”，在2017年底推出“千人百万粉”计划，加大了对内容创作者的扶持力度，孵化出抖音、火山小视频等产品，不断完善产业链布局，实力日益强悍，与新美大、滴滴出行一起被业内称为“TMD三小巨头”。

跨界合作也是企业力的一种重构。马来西亚房产项目富力公主湾联合神州专车，以瓶装水为载体玩起“文化漂流瓶”，共同传递新马文化；网易云音乐与农夫山泉跨界推出“乐瓶”，完美诠释何为“高山流水遇知音”；环球影业旗下超强IP“小黄人”更是无处不在，与ofo小黄车共同推出“ofo大眼车”，还成为荣耀V10设计师，带来俏皮可爱的“大眼萌”双摄。这些企业通过横向间的资源共享、强强联合，在合作双赢中以合力撬动彼此的企业力，帮助彼此赢得更大的用户群体。

如果能够把纵与横做到极致，企业力也会推升至生态级。市值千亿美

1 李建华，王贤理.《企业国际联姻》[M]. 辽宁大学出版社，2008

元级的商业帝国腾讯，横向上的跨界合作数不胜数，联手亚朵推出“企鹅酒店”，与宜家家居合作推出腾讯视频综艺样板间，与宝马合作共同为年轻人打造跨界限量车……纵向上，以社交为基础的微信生态链不仅聚集9亿用户，还用企业号、公众号、小程序等产品紧密连接上下游企业；以《王者荣耀》等游戏为重点的泛娱乐产业链也完成了上游生产与下游分发的布局，吸引住产业链中每一位创意者，形成“创作—回报”的良性循环[1]。纵与横的密集布局，让腾讯生态体系日益庞大。

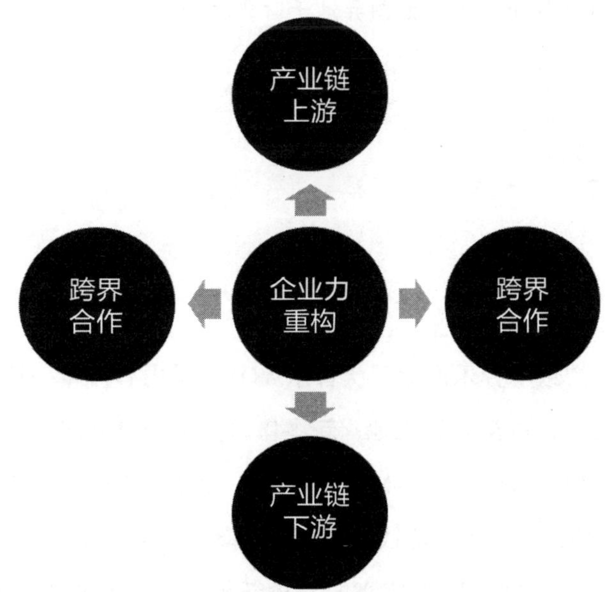

▲横向的跨界合作与纵向的产业链延伸重构企业力

小米公司的小米生态链也成为业界典范，大搜公司推出移商生态圈3.0版，咪咕积极布局泛娱乐生态，中科创达加速在人工智能领域的生态布局……重构企业力，将企业发展推至生态级，成为移商业态中所有企业共有

1 《泛娱乐新思潮：从IP经济到文创生态》[N]. GameLook，2017-08-22

的特征。未来，这些拥有生态级企业力的企业，将聚合更多小微企业形成生态集群，将大熔炉中的竞争演变为生态级竞争。

移商赋能力

随着移动互联网的发展壮大，在与各行各业的熔合中也带来了思维理念、产业结构等多维度的重构，所有的一切都与曾经大不相同。变化，成为这个时代的一种常态。为适应这种常态，企业也在积极思变，重构自身的企业力，力图弄潮于时代之巅。

春笋效应

百花齐放的数字音乐产业，沃音乐WO+音乐内容流量一体化计费的互联网音乐新模式，占据一席之地；新零售风潮下美克家居将创新与交互链接，创新出C2M（Customer-to-Manufactory）短路经济模式；直播产业在进入理性发展阶段的背景下，烧钱签约主播的模式宣告失败，而“全民直播”却构建了以“平台联运”为核心的直播新模式，在合作共赢中愈发走向开放。

现代管理学之父彼得 • 德鲁克（Peter F. Drucker）曾说过：“当今企业间的竞争，不是产品间的竞争，而是商业模式间的竞争。”以前，一本商学院的教材就能涵盖数十年的经典商业模式，引发无数企业争相效仿。但进入移动互联网时代，移商群体构建的各种新型商业模式，像雨后春笋般涌现出来，呈现爆发状态。这种商业模式的爆发，我们将其称为“春笋效应”。

免费模式让360降低用户使用门槛，获得用户黏性之后再通过其他方式实现“盈利点偏移”；强调整合与微创新的复制模式让ZARA、美的将所有竞争对手的优点集于一身；更加注重品质、品牌和个性的严选模式，让网易从电商红海中硬生生地挖出了一片蓝海……目前各大企业所采取的各种商业模式，多如牛毛。而最具时代特色、也是移商新物种最广泛应用的，就数平台模式、共享模式、社群模式这三种。

◎时代的主流：平台+

从PC互联网时代开始，一直到移动互联网时代到来，平台型商业模式逐渐兴起、蓬勃，进而成为无人能够撼动的“霸主”模式。阿里巴巴、京东等的C2C、B2B、B2C自不用说，饿了么、美团等O2O平台也已经发展为小巨头，各种新型平台模式层出不穷。面对日益增多的平台型产品，甚至可以说，“无产品不平台”成为移商业态里商业模式的一大特征。

作为互联网家装平台，土巴兔连接业主、家装设计师和装修公司；作为农产品电商平台，菜到家连接人们的餐桌和优质农产品供应源；作为短租平台，蚂蚁短租连接有短租需求的游客以及有闲置房间的家庭；苹果的IOS操作系统本身也是一个庞大平台，连接第三方App开发者与用户。

利于多个主体共同生存，是平台的优势；能帮助各主体获得利益，是平台的核心。而能做到这一点，是因为平台模式重构了传统商业模式的价值逻辑。不同于传统商业模式“企业←→顾客”的简单线性价值逻辑，平台模式的价值逻辑主体至少包含平台、B端供应商、C端用户三种角色，故而其价值逻辑要复杂得多，不仅B端与C端之间有产品与服务的交易，平台还要为B端与C端的交易达成提供服务，并且将C端支付的款项与B端进行利润分成[1]。

以这种价值逻辑为基础，平台根据自己特性重新定义B端与C端，创新出了更多样化的平台模式。YOU选根据自身特色创新出S2C（Service to Consumer）模式将用户与优质服务进行无缝连接；食安鲜生创新出农业创客运营模式，助力农村产业新业态、新动能；友缘网用别具一格的在线自助式婚恋交友模式提高了互联网婚恋的效率。

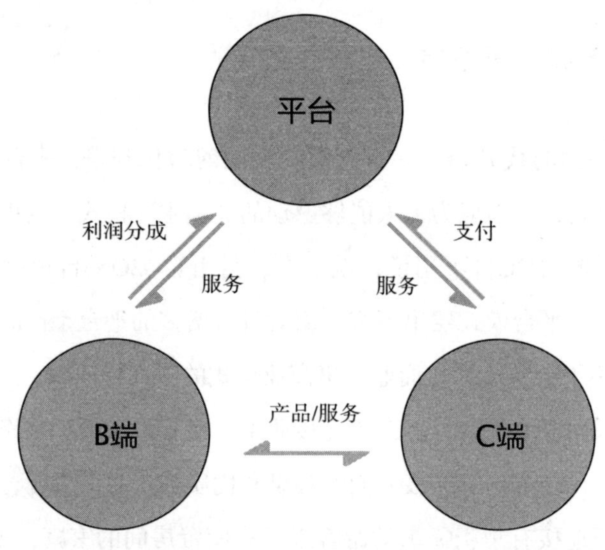

▲平台型商业模式的价值逻辑

平台模式强调多主体共享、共赢，B端商家越多，越能够吸引C端用户使用平台。反之亦然，平台用户越多越能让商家主动加入。所以平台模式虽然价值逻辑更复杂，但不论是对于需要获取用户的B端，还是需要获得产品与服务的C端，操作都更快速便捷：选择了合适的平台，触及更大市场只是小菜一碟。

1 王生金.《平台模式的本质及其特殊性》[J].《商业研究》，2014年第6期但平台模式也容易产生马太效应，重构行业格局。同类平台的竞争中，一旦某个平台取得相对优势，就会迅速变强，掌控更多渠道，延伸至产业链上下游，拥有更多话语权和更强议价权，从而形成局部的寡头垄断。最典型的案例就是网约车大战中，滴滴崛起迅速蚕食巨大市场份额，让易到、一号专车、神州专车、Uber等竞争对手与滴滴的差距越来越大，只能望其项背。

易于形成寡头，也是平台模式的一大魅力所在。通过模式、服务、技术等方面的创新以及资本的支撑，平台模式有可能打破原有行业格局并实现重构。这种无限可能让移商群体对平台模式视若珍宝，让各类平台型产品排山倒海般涌现，成为这个时代最重要的商业模式。

◎正在席卷的狂潮：共享+

共享经济浪潮愈来愈强劲。除众所周知的汽车、单车、民宿、充电宝等；跨境电商也迈入国际仓储共享时代；艺术界兴起用共享艺术打造“流动的风景线”；教育行业建设共享教育平台盘活优质教师资源；北京、广州、深圳、上海、杭州等城市正在推行“共享停车”；中国中药牵手佛山中医院推出共享中药智能配送中心；象山农机推出“农机共享”助力农户实现现代化生产；魔叮平台用共享设计师模式解决建筑行业的供需矛盾。

短短几年时间，共享模式已经在交通、餐饮、住宿、物流、知识技能等领域有了广泛应用，重构商业模式，让闲置资源与过剩产能创造出巨大价值，重新定义现代人的生活方式以及人与城市之间的关系。共享经济先驱者罗宾·蔡斯（Robin Chase）曾说：“分享精神是解放人性的一剂良药……我对于充分利用周围事物的想法很感兴趣，同时也发现了新的价值，这就是通往富足之道。”[1]

移动支付、二维码等技术的普及，为各种共享模式提供了可靠的技术支持。截至2017年，共享经济已经引爆4.5万亿级市场[2]，吸引众多创业者加入。

使用而不占有（Access but not Ownership），是共享经济的核心精神。整合线下闲散物品或服务并以较低的价格提供给用户，是共享经济的实质。在共享经济模式下，连接比拥有更加重要，有着强大连接能力的平台是共享成功的必要条件。与平台模式中明确的B端与C端不同，共享模式走的是N对N的路线，共享平台将复杂、昂贵的事物变成人们可以简单低价获取的资源[3]，让每个人都可以既是闲置资源的提供者，也是闲置资源的消费者。

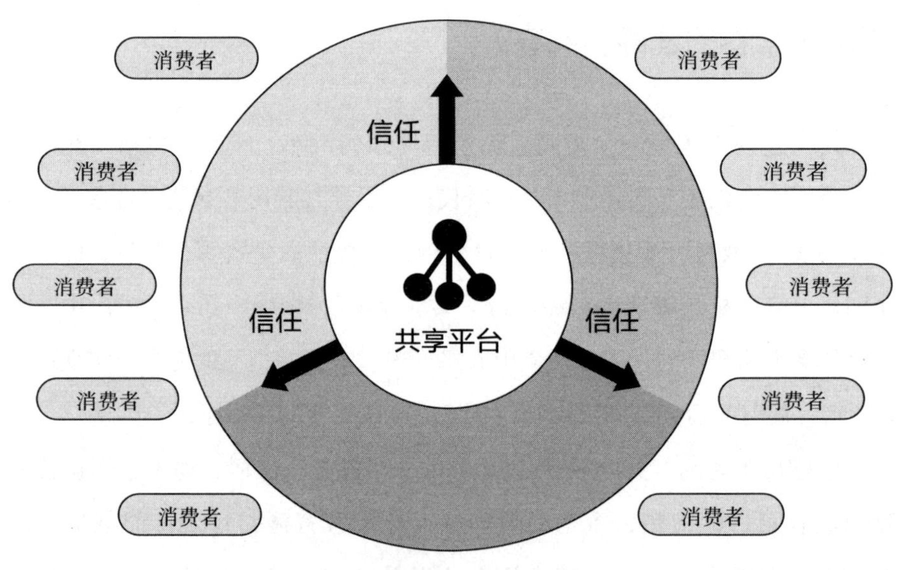

▲共享模式平台的价值逻辑

1 [美]罗宾·蔡斯（Robin Chase）.《共享经济：重构未来商业新模式》[M]. 浙江人民出版社，2015

2 周露.《共享经济引爆4.5万亿级市场模式二次创新成突围重点》[N]. 通信信息报，2017-11-22

3 [美]罗宾·蔡斯（Robin Chase）.《共享经济：重构未来商业新模式》[M]. 浙江人民出版社，2015

在这个过程中，“信任”是双方交易的基础，故而许多共享经济平台都接入芝麻信用等第三方信用评价体系，只要信用分数达标，就能免押金享受服务。芝麻信用600分可免押金在小猪、蚂蚁、木鸟短租等民宿共享平台提供的房间入住，650分可免押金骑行ofo小黄车，700分以上则可以免押金租赁共享服装品牌多啦衣梦所提供的服装。现阶段，共享经济模式主要应用于公共领域，不可避免地涉及许多城市管理的问题，而信用杠杆在公共领域和城市管理上具有更强的便利性、时效性与约束力[1]，“共享+信用”是目前已经探索出的一条行之有效的路径。

由于可分享的闲置资源与过剩产能包括知识、服务、物品等事物，属性、使用方法各不相同，共享模式也常常大相径庭，有的强调产品共享，有的强调资源共享，有的强调渠道共享。雪儿社区的积分共享模式，智享单车的共享广告模式，中智的人力资讯服务“智力共享”模式，汇汇生活的“移动支付+商家会员共享”模式等，这些共享模式虽都有创新，但创新的幅度较小，属于微创新。目前来看，在共享类产品火爆的同时，共享经济模式的创新仍处在萌芽阶段，在移动互联网下半场必将出现更多成熟的共享创新模式。

◎深度链接用户的利器：社群+

任何商业模式都是源自对用户及其需求的理解，而与用户关系最为“赤裸裸”的商业模式，要数社群模式。罗辑思维社群聚集了一群对知识有饥渴感的人，江小白打造的“约酒”社群文化，大熊会用社群服务让普通人也能玩转品牌营销，大宅门医疗用“医患社群+云门诊系统”让医患关系

1 邱超奕.《信用到底能给共享经济带来什么》[N]. 中华工商时报，2017-05-08

变得更加和谐，村集平台用“无人商店+社群经济”让新零售模式走入农村，网易严选也发起了“发现生活小组”探索全新的社群运营模式。社群模式凭借超强的参与感与较低的营销成本，不仅成为企业深度链接用户的一大利器，也重构了人际关系网，拉近了人与人之间的距离。

人以群分，物以类聚。所谓社群模式，也就是一群有共同兴趣、认知、价值观的用户抱成团，基于产品功能之上的口碑、文化、魅力人格等发生群蜂效应，在一起互动、交流、协作，建立情感上的无缝信任，从而对产品品牌本身产生反哺[1]。

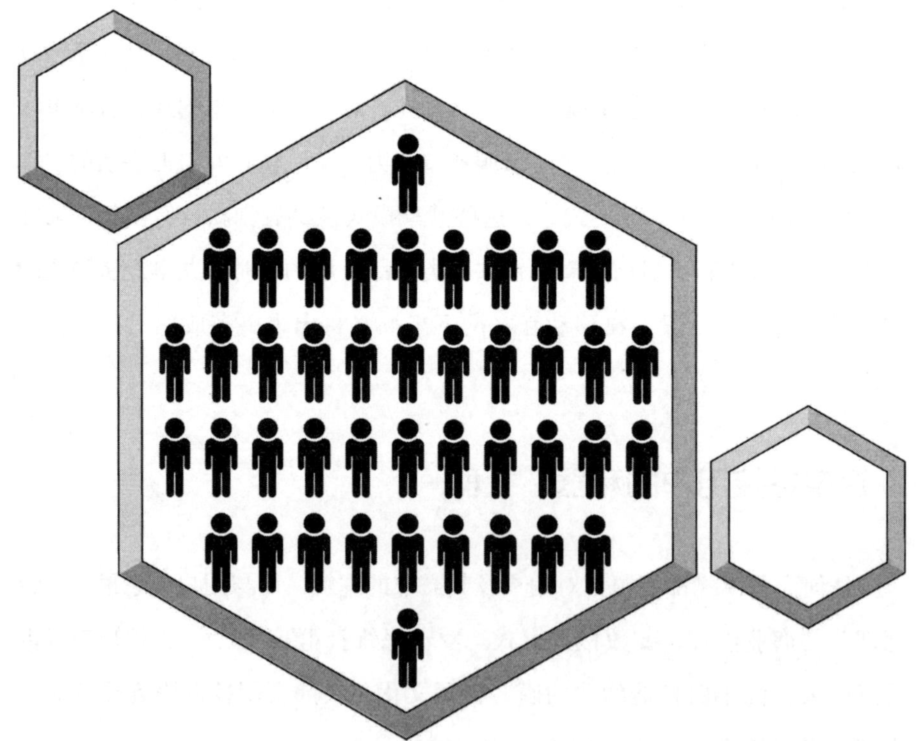

▲像蜂群一样，社群也是重视规则的群体

1 百度百科词条“社群经济”

规则性强，是社群的一个特征。社群并不是人数越多越好，相对于粉丝数量而言，粉丝质量更加重要，毕竟一个社群内人数有限，不能让“僵尸粉”霸占宝贵的名额，这就需要根据企业目标来设置社群的规则与框架，确保社群活跃度的同时，还需要经常发布一些高水准高质量的内容。专注于分享、交流移动互联网和营销的星移社，禁止除分享嘉宾外的语音交流；聚集移动互联网大牛的大牛村，新人进群必须验证身份并填写个人资料；倡导懒人经济的懒人村要求发红包时均值不低于0.5元/个；汇聚草根创业者的纸小微毫不留情地清理多次话题互动未发言的潜水者。

从目前社群发展来看，知识型社群比较成熟，受到许多用户认可。在2017年刷爆朋友圈的薄荷阅读，以付费阅读英文原版名著为核心，左手为用户每日提供在十分钟内就能完成阅读的内容，右手通过老师讲解等社群服务增强用户对于学习的黏性，实现产品口碑的病毒式裂变。

薄荷阅读的幕后推手，是让记单词成为一种乐趣的百词斩。百词斩是免费软件，在探索商业变现的道路上，曾做过销售周边书籍、笔记文具等尝试，但由于付费人群的转化率过低，收效并不理想，无法支撑整个公司的盈利需求。而随着内容付费、社群服务在2016年开始流行，用户为精神文化产品付费的意愿越来越强，百词斩顺势推出薄荷阅读。截至2017年12月初，薄荷阅读已推出25期，每期都能引发用户的火热报名，不仅为企业带来可观的现金流，也验证了市场对于“内容付费+社群服务”模式的接受程度。

社群模式与其他商业模式有着较好的兼容性。除薄荷阅读，黑马会、秋叶PPT、吴晓波频道等知识社群也都是“付费+社群”模式。做共享空间的优客工场，共享留学产业链的留学问多点平台，共享配送平台UU跑腿等共享经济项目也在各自的商业模式中融入社群模式。在以用户为中心的移动互联网时代，能够像强力胶一样黏合用户的社群模式，通过与其他商业模式的融合必将激发出更多的潜在价值。

◎未来商业模式：技术引发颠覆

在移动互联网上半场，很多商业模式的创新或基于技术、或基于技术所重构的人际关系。而在移动互联网下半场，大数据与人工智能，将为商业模式的颠覆式创新带来更多可能。

与电商平台直接明确的商业模式不同，大数据与人工智能没有能“一言以蔽之”的商业模式，而是从各个层面将触角伸入各个领域，不断派生出新的商业模式，帮助企业成为新的“搅局者”“颠覆者”。

譬如对大数据架构的分层，可分为传输、存储、分析、应用等层面，不同层面的大数据商业化应用，又可以输出多种模式。随着物联网迈向大规模生活应用，其所产生的海量数据必将催生新型商业模式。

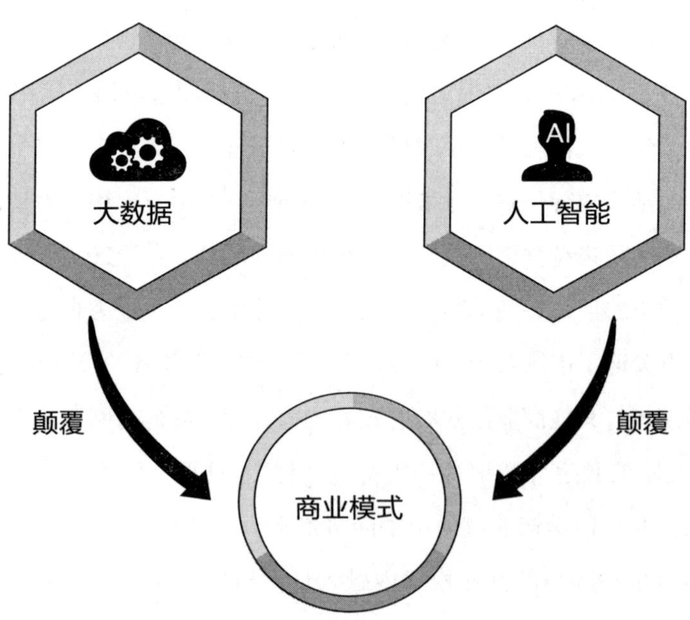

▲大数据与人工智能，将为商业模式的颠覆式创新带来更多可能

同样，人工智能对于商业模式的创新也可以分为行业标准层、组件层、基础设施层、系统层、应用层以及最上层的To C。尤其在行业标准层，如果能做到像高通一样研发出提供整个移动互联网时代的底层编码、传输和通信标准的CDMA技术，或者像ARM公司一样为全球超过95%的智能手机和平板电脑提供计算架构，并制定人工智能行业的标准，那么这样的企业就可以收到无数个企业源源不断“上缴”的专利费、授权费，享受到一整个时代的红利[1]。

移商赋能力

2017年网商大会马云说：“从现在开始，重新思考你的商业模式，越成功的企业，今天做得越好的企业越要进行反思。”时常审视自己的商业模式，是创业者、企业家需要常温常新的“必修课”。包括现在风头正劲的平台模式、共享模式、社群模式在内，每一种商业模式都只是“暂时”适用，都需要在实践中结合时代与行业的发展趋势不断调整、不断自我革新。唯有如此，企业才能拥有长盛不衰的“造血”机制，实现可持续发展。

旋涡效应

借助独特的基因优势，移商新物种成为资本市场中的“吸金旋涡”。滴滴融资55亿美元，美团点评融资40亿美元，ofo小黄车融资12亿美元，口碑

1 王晓妍.《人工智能时代，你的商业模式升级了吗？》[N]. 36氪，2017-05-09

网融资11亿美元，今日头条融资10亿美元……2017年中国融资规模最大的10家企业均为互联网相关企业[1]。资本在移动互联网领域的倾斜，带来强大的向心力，在移商领域形成旋涡效应。资本方面的成功，成为衡量互联网企业成功的一种重要标准，只有尚未融资的，没有不想融资的。旋涡中心，群雄逐鹿。

◎资本重构商业逻辑

以前，企业发展壮大的过程非常缓慢，一般需要经历“鸡生蛋、很多鸡生很多蛋”的积累过程，只有少数企业有能力用资产抵押、股权质押等方式进行融资。现在，资本在移动互联网领域的旋涡效应，给企业家、创业者的思维带来了一场重构，以项目未来的现金流作为抵押的项目融资成为主流融资方式。

2017年实名医生平台医联获得4亿元C轮融资，哈罗单车在D1轮获得3.5亿美元融资，51VR完成2.1亿元B轮融资，洋码头、豌豆公主等跨境电商平台的融资额都在5000万美元以上，新零售解决方案提供商企加云更在A轮就获得近亿融资。虽然时常有人高呼“资本寒冬已来”，然而获得巨额融资的项目一直层出不穷。

如今移动互联网行业取得了令人惊讶的行进速度，而融资，无疑就是新物种生长的催化剂。融资帮助企业节省大量时间，直接越过资本原始积累阶段，加速新兴企业获得高估值并迅速上市的进程。与此同时，“烧钱”也成为资本充足的移动互联网行业一个典型特征。烧钱，尤其是在C端的“加

---

1 Tech in Asia2018年初发布数据显示

速补贴”式烧钱，帮助企业通过补贴加速培养用户习惯，提高用户黏性，快速带来大量用户并扩大市场占有率。在经济学中，有一个概念叫“幂次定律”，意思是赢家通吃。移动互联网给予每个垂直细分领域创业者的机遇，其实并不多，如果不能迅速在自身的领域名列前茅，那么就会被用户迅速遗忘。故而从各种O2O平台到移动支付，再到令人眼花缭乱的共享类产品，能够迅速获得目标用户的“烧钱”模式都被奉为跑马圈地的利器。对于移商新物种而言，先融资后烧钱，是得到普遍认可的商业逻辑，催生出一个又一个有时代烙印的资本故事，推动着旋涡的流动。

根据IT桔子统计，IT基础设施是2017年“最烧钱的赛道”，其中又以云计算服务最为热闹，不论是融资速度还是烧钱力度都首屈一指。ZStack、Caicloud、QingCloud、七牛云都在积极抢占市场份额，新商业逻辑的圈地效果之显著，让烧钱大战的参与者只增不减。

▲“烧钱”也是移商业态下常见现象

凡事有利就有弊。在竞争中，总有一些项目烧着烧着就成了陪跑的炮灰。烧钱会让企业过于依赖融资，资金链断裂的风险更大，一旦钱烧完便难以为继，最后只能“引火自焚”。

曾经的明星创业公司跨境电商蜜淘，先是烧钱压货，大手笔做市场推广和广告，后来又与竞争者大打价格战，由于C轮融资未能顺利完成，逐渐失势，最终淡出人们视线。曾被市场称作“第三大共享单车品牌”的小蓝单车，估值一度高达10亿元，在A轮就获得4亿元巨额融资。为了提升用户体验，它一开始就在材料、智能化上面投入巨额资金，这也导致小蓝单车运营不到一年就开始资金紧张。到2017年底，小蓝单车拖欠70余家供应商的款项高达2亿元[1]，即使2018年初与滴滴达成托管合作也未能彻底解决其欠款问题。可见，烧钱只能作为一种暂时性策略，不具有可持续性，唯有注重收益、实现收支平衡，才是长久之计。

◎众筹，以小博大的资本故事

为行业带来变革与重构的，不仅是巨额资本，小资本聚沙成塔同样能加速旋涡流转。以“团购+预购”形式向网友募集项目资金的众筹模式，就是利用互联网和SNS传播的特性，让小企业、艺术家或个人对公众展示他们的创意，进而获得所需资金援助[2]。能够根据光线变化而自动开关、调节亮度的LuminAID 太阳能庭院灯；能够帮助失眠症患者改善睡眠状况的重力毯；内置数字秤、自动定位系统并能用手机App上锁与解锁的智能旅行箱Bluesmart。这些创意产品就是通过众筹方式走入大众视野。

1 张配豪.《共享单车正迅速“退烧”》[J]. 人民周刊，2017年第24期

2 百度百科词条“众筹”

▲众筹，让别人抢着为你的创意买单

相对于融资方式，众筹模式更为开放。只要项目受到网友喜爱，就能够获得第一笔启动资金，为创意落地提供更多可能。例如在京东众筹，手工耳机、抗污衬衫、迷你跑步机、指尖陀螺、智能恒温牛仔裤等具有独特创意的产品项目都在用自己的故事吸引公众的注意。如果众筹成功（筹集到了目标金额），发起人将用实物或者服务的方式回报网友；如果失败，资金则会原数返还。

这种以小博大的方式，在项目与资本之间搭建了一个全新桥梁，带来全新的商业逻辑。众筹还有一定购买性质，将“产”与“销”紧密结合在一起，让项目一旦启动就自带第一批用户。在旋涡效应中，小而美也有了一席之地。

个性特色鲜明、并非大规模批量生产的众筹创意项目，也正好赶上消费升级风口，随着中产阶层人群的扩大，众筹越来越受到追捧。作为国内众筹平台第一梯队之一，开始吧在2016年9月就实现单月众筹金额过亿元[1]，平台上除稻壳菜板、手工织毯、水泥花砖等创意物品，还有设计酒店、海外民

1 《开始吧副总裁李政羲：餐饮创业者的投融资方法论》[N]. 华夏经纬，2017-08-10

宿、传统老宅、新式社交等众筹投资项目，根据项目属性与回报不同，单人支持的金额少则数百元、多则数万元，而认筹进度常常是目标的数十、数百倍。用户对于众筹模式的认可，让众筹渗入各行各业，重塑创意诞生过程。

2017年是众筹洗牌期，《2017年互联网众筹行业现状与发展趋势报告》显示，截至2017年底，全国众筹平台共计280家，众筹金额达到215.78亿元，项目投资人次达2639.55万[1]；与2016年相比均有所下降，马太效应显现，优质头部平台市场份额越来越大。据世界银行报告预测，到2025年全球众筹行业总金额将突破960亿美元，尤其亚洲占比将大幅成长。届时，小小众筹将搅动更大风云。

移商赋能力

对移商来说，资本是东风、是催化剂，但最核心的“蛋”，还是要自己孵化。不论是通过获得融资来促进企业的发展，还是用众筹的方式来吸引用户的广泛支持，优质的产品与服务才是最根本的。资本不仅要用于营销推广，同时也要用于研发与创新，才能在旋涡效应中获得更多内生动力。

1 聂国春.《2017年众筹洗牌加剧专家建议股权融资立法先行》[N]. 中国消费网，2018-01-15

小 精 准

简单是终极的复杂。

——达·芬奇（Leonardo di ser Piero da Vinci），欧洲文艺复兴时期博学家

插花法则

曾经的我们，购买火车票需要去代售点，想看报刊要去街边的报刊亭，想念某种美味只能去实体店品尝。如果要票选移动互联网对于生活的影响，“简化”一定是名列前茅的一项。手机操作替代传统生活中的奔波，移动电子商务替代商家的人为清点、统计、分析，移动互联网所带来的“简化”生活，向人们呈现了以简单为美的世界。

从微观经济层面看，不论是移动互联网产品本身，还是产品到达用户手中的过程，甚至企业管理等，都呈现精简、优化态势。看似简单的背后，既有减法又有加法，减去传统产业链的冗余，加上移动互联网新思维、新技术、新模式，就像插花艺术一样，既要修剪掉杂叶旁枝，又要精心搭配不同花卉。移动互联网带来的这种精简，我们称之为插花法则。

◎减，是为价值增加

触网前的零售业，一款产品到达消费者手中的过程堪称一波三折。从制造商、中间商、零售商再到消费者，一层层下来，不仅传输效率不高，企业利润也越来越低。触网后，以电商平台为中心，制造商直接将产品销售给消费者，充分节省了中间环节所带来的成本，并将一部分利润让给消费者，让消费者能够享受更合适的价格与更便捷的服务。

商业必须要追求价值，中间环节过多、挤压企业利润是传统企业面临的共性问题。另一方面，随着物料成本越来越高，产品市场价格又没有上升空间，这也让企业必须在中间环节中去寻找利润。移动互联网的普及正好帮助企业简化商业流程，削弱甚至取消产品到达用户手中的中间环节，通过流程精简来控制成本，提升效率，获得更多价值。

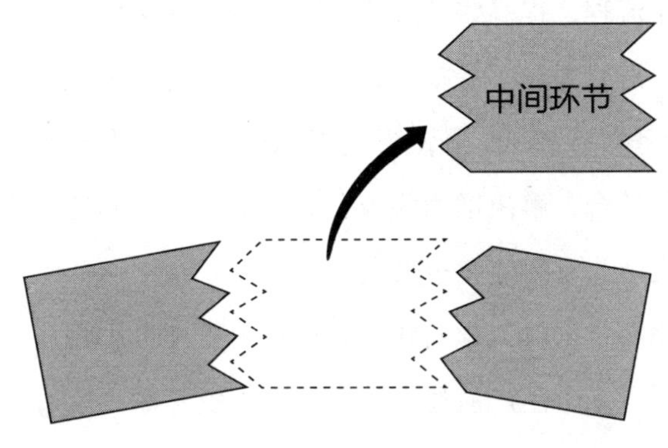

▲精简，首先是减去中间环节

淘宝、天猫、京东、当当、唯品会、苏宁易购等2C电商平台将厂商与消费者之间的流程简化，我们已经熟悉。但如果一个厂商同时在各大电商平台开设店铺，各电商平台的销售数据、供应数据等均需要单独统计，将大大增加厂商市场管理方面的工作量，这就是移动互联网带来的C端“减”与B端“加”的一种典型表现。为帮助企业做减法，精简企业运营店铺的流程，8Manage为企业级客户提供了“多用户商城+平台自营在同一平台实现”的平台级商城管理系统，让企业能够方便快捷地搭建自运营商城、管理多平台店铺，实现数据共享与工作效率最大化。据IT桔子统计，2017年企业服务类的创业项目共有564起融资事件，在资本市场的活跃度有所回升[1]。用企业服务为B端赋能，帮助B端简化流程，也是当下趋势。

移动互联网全面渗入各行业后，移动化平台渐渐精简了传统行业中各个复杂场景，重新调整商业流程。飞猪推出在线签证业务，简化传统线下办理签证的流程；Embroker简化中小企业购买保险的流程，提供一站式保险购

1 IT桔子2017企业服务创投数据报告

买和管理平台，帮助企业降低管理风险成本；影视制作公司依托于云计算平台，能够实现远程编辑、存储、传输庞大的视频内容，甚至还能优化、重塑影视节目的制作流程，提高整体效率；互联网金融领域，以人工智能技术为核心，辅以区块链、大数据等技术，贷款流程获得了极大的简化；票易通建立“互联网+税务”新模式，配合税务机关帮助企业围绕涉税业务对企业链各环节进行资源整合，解决增值税业务处理效率低等问题。流程简化，成为移动互联网时代企业重要的竞争力之一。

供应链优化所带来的流程简化，背后价值更不可小觑。有人预测，随着供应链管理发展，未来生产流通中将看不到企业，而只能看到供应链。美的用信息化、移动化手段重塑供应链体系，全渠道每年节约成本近2亿元[1]；盒马生鲜“只售一日”，不卖隔夜菜和隔夜肉的背后，是精简供应链，全流程信息化，创新物流环节、降低和消化损耗等全部流程的理念和模式再造[2]。

“时间就是金钱，效率就是生命。”精简供应链、提高运营效率，成为移商业态下所有企业的共识。毕竟，产品或服务的价值，由社会必要劳动时间决定，企业如果想在竞争中取胜，就要降低个别劳动时间，让自己的生产率高于社会劳动生产率。

多年前许多业内人士都曾质疑京东自建物流体系的举措，甚至包括京东自身的高管。时至今日，京东以物流为基础建立起一个效率超高的供应链系统，能够实现52%订单在6小时内交付，92%订单在24小时内交付[3]，不断用速度与效率为用户提供更好的服务，获得更大的市场份额。在新零售风口下，企业线上线下融合时更需要注重供应链体系的精简、优化，只有加快资金流动，减少库存积压与降低运营风险，才能在风口中飞得更高。

---

1 邱江勇.《物流智慧化改造刷新“美的速度”》[N]. 百度百家，2017-12-21

2 樊中华.《盒马鲜生日日鲜：重构供应链，讲好日子经》[N]. 凤凰商业，2017-09-07

3 王欣欣.《当年质疑京东自建物流，今天看完京东供应链效率或都哑然》[N]. 第一物流网，2017-12-06

◎简，是用户对产品的要求

在Windows 操作系统中，新软件需要点击很多次“下一步”才能完成安装，而在Mac OS X操作系统下，只需一次拖拽就能完成软件安装。一旦感受过简约所带来的便捷，用户就再也不愿回到以往那种复杂状态。

一键叫车、一键订餐、一键变美、一键抠图、一键购票……五光十色的移动互联网产品让生活越来越简约。腾讯副总裁张小龙也是“简单就是美”的推崇者。从风格简约的Foxmail、微信，到能够帮助商家简化线下流程、提高运营效率的小程序，这位乔布斯的东方信徒凭借对用户需求的深刻把握以及接近极致的用户体验，创造了一个又一个神话。

移动互联网将时间割裂为碎片，用户没有时间与耐心去面对麻烦的流程以及漫长的等待，各种产品的操作越来越“傻瓜式”，简单、易学、易上手，尽一切可能不去挑战用户的耐心。京东推出京东微联，让用户能够“一键搞定”智能生活。通过智能芯片、物联网、云计算、大数据等技术，京东微联不仅能够远程控制空调、净化器、电饭煲、灯、插座等家居生活中的智能设备，还能收集血糖仪、体脂仪等智能设备的监测数据。

▲一键链接智能生活

智能设备间还可以实现互联。当一个设备达到某种状态时，自动触发另一个设备开始运作，比如家庭环境管家监测到室温低于20摄氏度时，自动开启空调将温度升至26摄氏度，在用户觉得体感不适前，就已自动调节。就像电影《钢铁侠》中贾维斯（Edwin Jarvis）那样的智能管家，也可以通过智能家居系统里的智能场景设置来实现。以晚上下班后的回家场景为例，用户根据自己的生活习惯设置一个场景流程，回家后即可一键启动场景，让智能设备依次实现开灯、关窗帘、开空调、开电视、热水器加热等流程，用户无须亲自动手，就能享受舒适生活。

与传统一辈相比，信息时代“原住民”更易疲惫：人们接受大量信息，见缝插针式填充碎片时间，同时处理多个任务。企业为了减少用户的麻烦，也不得不做出调整，砍去细枝末节，帮助用户将有限精力集中到优先级更高的事物，用智能化产品与服务帮助用户“大事化小，小事化了”。与此同时，为适应用户“厌繁”的心理诉求，操作界面精简，也成为这个时代的产品共性之一。

将各种功能隐藏在手势里的天气类应用Solar；只有三个心情可选择的心情记录应用MoodCup；可以自制像素图片的New Pixels；结合现代设计与传统工艺的匠物App；每日提供一件故宫文物欣赏的每日故宫App，这些都是极简主义代表。作为全球互联网行业领头羊，谷歌的业务包括搜索、云计算、广告技术、地图、手机操作系统、自动驾驶汽车等。然而一提起谷歌，很多人第一反应仍是它那简单到不能再简单的搜索框。

曾任谷歌高管的玛丽莎·梅耶尔（Marissa Mayer）曾说过，谷歌可以像瑞士军刀一样，在用户暂时还不需要时，保持简约的闭合状态；当用户需要某种功能时，再像打开瑞士军刀一样，使用谷歌所提供的相对应功能。看起来的简单，并不意味着“单薄”，简约界面的背后，体现的是产品交互设计能力。唯有对用户的行为、需求以及交互方式有充分理解，才能真正实现“少即是多”。

移商赋能力

移动互联网时代出于对价值的追求，以及对用户需求的满足，移商制造的产品呈现出越来越精简的特征。商业流程层面，中间层次被削弱，传统供应链冗余部分被删减，提高企业效率与盈利空间；产品层面，操作方式越来越简单、智能，外观设计走向极简，契合新时代用户审美诉求。减与简背后，离不开技术的加法。随着大数据、云计算、人工智能、物联网等技术崛起，原本由用户来完成的很多操作都被技术简化，产品愈发简洁凝练。

劈线法则

移商整体的新生态中，产品与服务的多样化、多元化是重要特征。阿里巴巴、百度、腾讯等巨头布局也不断朝着横向与纵向延伸，实现生态自洽。不过，大而全对中小企业来说并不合适，大多数移商群体都选择专注一点进行突破，在细分市场中寻找机遇。有的根据地域优势专做特色农产品，有的专注于为“孕婴童”提供更好服务，有的致力于智能穿戴产品开发，有的只为企业提供相关服务。每个产品都有自身与众不同的立足点，就像刺绣、印刷中的“劈线”技巧会将一根花线分成两条甚至多条细线一样，各自专注于不同的特色，致力于绘就不同的商业传奇。这种对于垂直细分的追求，我们将其称之为“劈线法则”。

◎单点突破，耕耘细分市场

移动互联网时代，用户需求越来越多样化、个性化，这是市场能够细分的基础。依据消费者需求、消费行为、消费能力等方面的差异，具有类似需求倾向的消费者可以构成多个细分市场[1]。对于“小而美”的移商群体来说，细分市场是相对稳定、可衡量性、营利性都更强的“战场”，只要集中有限的人力、物力、资源，专业地满足某一类用户的某一项需求，就可能获得事倍功半的效果。毕竟，在同质化严重的竞争中，一个精致的细分产品，才能够“鹤立鸡群”一般引人注目。

就像树干分出树枝、树枝又分出枝丫一样，电商领域可以细分为食品、家居、母婴、美妆、生鲜等。其中美妆电商又可根据年龄层、消费层、售卖品类进一步细分，聚焦到某一个点，吸引某一领域的兴趣群体。乔布斯曾说：“专注意味着要拒绝其他上百个优秀的想法，你必须很仔细地挑选”[2]。移商群体在不断挑选、舍弃、聚焦的过程中，才能找到最能发挥自身优势的定位。

专注于“特色体验式旅游”的伟大航路，深度挖掘极限运动、国家非物质文化遗产等领域的旅行体验项目，在OTA行业异军突起；专注于用拼团方式让用户以低价获得优质产品的拼多多，上线未满一年单日成交额即突破千万，付费用户突破2000万[3]；用UGC来深耕跨境购物的小红书，短短4年间就成为全球最大的社区电商平台之一，用户数逾5000万，覆盖200多个国家和地区；专注为用户提供各大电商平台折扣商品的省钱利器花生日记上线不

---

1 赵星义，张志文.《大学生创业指导教程》[M]. 新华出版社，2009

2 [美]戴夫·柯本（Dave Kerpen）等.《互联网新思维：未来十年的企业变形计》[M]. 中国人民大学出版社，2014

3 《朋友圈拼团持续走红 拼多多已成社交电商翘楚》，齐鲁晚报网，2016-06-07

到一年，就在App Store购物类免费榜中跻身前十[1]。很多企业都在深耕细分市场中找到了突破口，取得了意想不到的成果。

移动互联网在各行各业的渗透以及“互联网+”的推进，让各领域都掀起细分之势。近两年移商群体对细分领域商机的探索，在线上教育行业尤其明显。德勤发布的2017年教育行业报告中显示，教育行业细分领域呈现全面开花的态势，科技正在重新定义教育，移动互联网、人工智能、VR、AR等技术发挥着巨大作用。

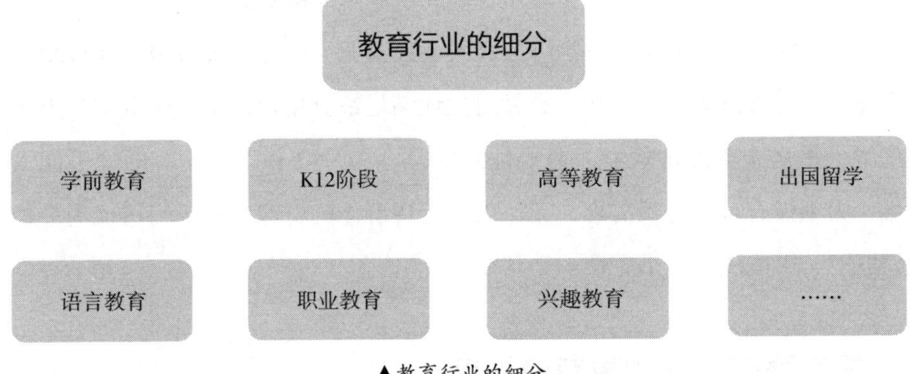

▲教育行业的细分

受二孩政策的利好影响，学前教育上升空间广阔，专注于儿童英语早教启蒙的叽里呱啦、专注于游戏识字与拼音学习的麦田认字、专注于数学训练的宝宝数学训练等产品在各自细分领域有所沉淀；在基础教育阶段，作业帮能够实现拍照搜题，少儿趣配音用为影视剧配音的方式让儿童锻炼口语，VIPKID英语能让北美外教1对1在线教授美国小学课程，这些产品均已积累了可观的用户量；能学习美国常青藤课程的网易公开课、专注于公务员考试的腰果公考、专注于大学生考研的考研帮等针对成年人教育的产品也越来越丰富。

1 2018年1月APP Store数据

线上教育的细分，也受到资本关注。2017年VIPKID英语完成2亿美元D轮融资，作业帮获得1.5亿美元C轮融资，专注于青少年认知力训练的博沃思、用类似电商供应链打法做教育产品的乐恩教育、青少儿编程平台傲梦编程等都获得数千万元A轮融资。这也从另一个层面说明资本对于这种市场细分的认可。

随着“大而全”打法弊端的凸显，HTC、索尼、华硕等老牌厂商也纷纷“瘦身”，收缩在智能手机领域的过长战线，根据不同用户群体需求，分别打出拍照、续航等差异化优势，开始在细分领域深度耕耘。

除BAT等实力雄厚的少数巨头，大多数企业“兵力”都有限。通过细分市场，企业可以集中有限兵力有针对性地满足细分用户需求，争取细分市场优势，提高企业经济效益。需要注意的是，细分要有度，所劈的线不能太细，太细极有可能是伪需求，无法引起用户群体的普遍共鸣，只可成为一种“功能”，不能成为一个完整“产品”。

◎重度垂直，才能更有辨识度

印刷中的劈线效果，能实现线条粗细的自由变化，这不仅是一般图形处理软件难以实现的，更难以被图像输入设备识别，具有很强的抗复制功能。同样道理，在某个细分市场做到重度垂直，更能够提高产品与项目的辨识度。

“垂直”不是一个新概念。门户时代就有中关村在线、汽车之家、虎扑、东方财富、搜房网等垂直门户，用专业与权威吸引用户。到移动互联网时代，垂直程度进一步加深。看过《加勒比海盗5》的人，一定会对其中海王使用三叉戟将海水劈出一个截面的镜头印象深刻，在细分基础上的“重度垂直”就像这样，从一条细分的线，向下割出一个垂直面，把一件事做深做强、做专做透，撬动更多的商业价值，形成强大的竞争壁垒。

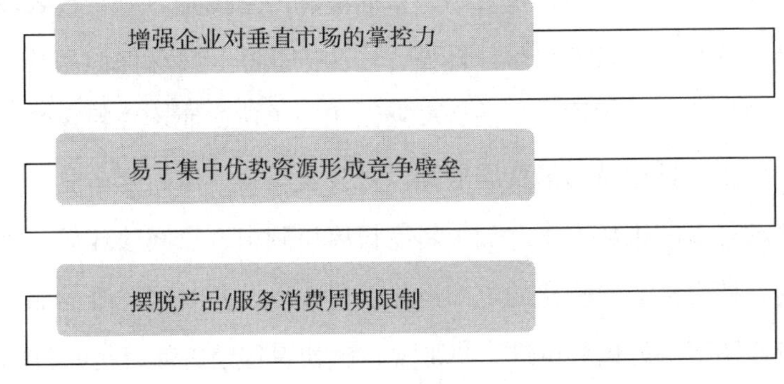

▲重度垂直的三大竞争优势

在人工智能领域专注于语音识别的科大讯飞，已在美国成立研发中心，就连百度、腾讯等巨头也要敬它三分；自媒体人李舒凭借她对于民国文化名人轶事的积累、挖掘，打造出具有独特文化魅力的微信公众号“山河小岁月”，积聚一批颇具忠诚度的粉丝；深耕科普的果壳网将枯燥的科技知识趣味化，从而由科学爱好者的小众阵营发展为普通人也喜闻乐见的科普品牌。凡是建立起高耸垂直壁垒的企业与产品，或具有技术上的专业性，或具有内容上的专业性，或具有服务流程上的专业性。专业性，是实现重度垂直的必然要求。唯有专业，才能帮助企业在纵深领域不断下沉，把根基扎得更深。

移商群体所实现的“重度垂直”，除专业程度高，还打通了纵向连贯环节，向上下游延伸，甚至触碰边界，把控上下游入口（即上游资源与下游流量），实现纵向一体化。这样，整合了产业链各个环节的企业可以不再受产品消费周期的限制。日用品消费周期通常是几个星期，服装消费周期可能以月为单位，汽车消费周期常常在十年以上，而房产消费周期则会长达数十年。纵向重度延伸后，企业可以让同一批消费者为纵向产业链的不同产品买单，降低产品消费周期，提高企业效益。

作为我国化妆品电商百强之一，京润珍珠的重度垂直颇具代表性。以珍珠为基础，京润珍珠延伸出珍珠饰品、珍珠护肤品、珍珠保健品及孕婴童产品四大业务板块。珍珠饰品的消费周期以年为单位，而珍珠粉牙膏、面膜、洗面奶、面霜等日用品的消费周期则以月甚至周为单位，全产业链产品布局无疑能撬动更多的市场需求。加上新零售风口到来，京润珍珠抓住机遇入局社交电商，社交化、年轻化的电商运作手段，以及互联网思维的品牌营销，让其在产业链下游的优势也进一步加强，已朝着年销售额百亿元目标迈进。

重度垂直不仅仅是单个企业的垂直，企业间在垂直领域的联动，还能够形成合力，带来一体化效应，甚至拉动城市发展，打造城市名片，这在旅游业体现得尤其明显。借助移动互联网的传播力与赋能力，哈尔滨的冰雪旅游产业让哈尔滨成为享誉海内外的冬季旅行圣地，仅2018年春节期间就累计接待游客112.6万人次，收入24.2亿元[1]。凭借“互联网+旅游”模式，哈尔滨冰雪大世界实现了网络售票、线上360度实景体验互动以及互联网宣传的三位一体，每年为来自世界各地的数百万游客提供多样化的项目与服务。独特的冰雪资源优势，专业化的服务，再加上与器材租赁、体育教学、冰雪赛事等产业链上下游环节的联动，共同推动哈尔滨冰雪旅游产业进一步发展。

从目前来看，哈尔滨冰雪旅游产业的移动互联网应用还只停留在表面，只是从信息传播层面让更多的人欣赏到偏居祖国一隅的北国风光，并未用数字化、智能化的手段深入挖掘出更多用户需求，如果能与移动互联网进一步深度融合，冰雪旅游产业将迎来更大发展机遇。在其他垂直领域也是如此，移动互联网需要进一步发挥平台作用，串联起产业链各环节，从单个企业的重度垂直，向整个行业的重度垂直迈进。

1　国家旅游局发布的《2018年春节假日旅游指南》

移商赋能力

在激烈竞争中，移商群体唯有摒弃“大而全”，转向“小而美”，抓住细分市场机遇，才有更大概率取胜。当然，仅仅“细分”是不够的，还要在细分基础上做到“重度垂直”，不断挖掘细分领域的纵深，或拓展产品消费周期，或整合垂直领域的相关服务，打造出一条纵向一体化的产业链。

榫卯法则

2008年马云曾在江南会大讲堂等场合力推“从消费者到企业”的C2B模式（Consumer to Business），虽然在当时响应者寥寥无几，但也让人不得不佩服他的眼界和前瞻性。现在，随着用户个性化消费需求升级，越来越多的企业、品牌开始进行C2B、C2M等模式的探索，注重为用户“量体裁衣”。这种供给与需求的精准匹配，就像我国古代建筑、家具中的榫卯结构一样，不需要钉子就能通过完美契合的凹与凸，实现连接与固定。移商这种根据用户个性化需求来精准提供产品或服务的做法，我们称之为“榫卯法则”。

◎每个人都与众不同

曾经，个性化定制只是贵族的特权，是奢侈品的代名词。今天打造独一无二的定制汽车的宾利个性化定制部门Mulliner，在200年前专门为皇室打造精美奢华的马车。现在，从只需上传一张图片就能实现的马克杯、T恤、手机壳、布包等物品定制，到越来越强调时尚的服装、家居、家电、经济型轿车等的定制，再到根据用户偏好实现的信息定制，个性化定制已然“飞入寻常百姓家”。

门户时代，信息聚合能力是各个门户的实力体现。用户需要在信息的海洋中寻找、搜索自己需要的信息，而不需要的部分，对于用户来说就是“噪声”。信息、产品、服务的点对点个性化传递，是一个“降噪”过程，为用户提供了更加快捷方便的生活体验。

将协同过滤、语义分析、操作分析等技术与海量UGC内容结合，网易云音乐能够为用户精准推荐个性化歌曲；在已获批挂牌新三板的6人游平台上，用户可与专业旅行顾问一对一沟通，在线定制个性化旅游行程并随时随地沟通需求、做出修改；苏宁金融App的用户可对理财产品的类型、期限、预期收益率、购买金额等进行个性化设置，后台智能系统自动匹配在售理财产品并自动成交；根据用户皮肤的纹理、毛孔、水分量等状态，以及当天的温度、湿度、紫外线指数等，资生堂智能化妆品系统Optune每日可为用户调配出合适的护肤液。

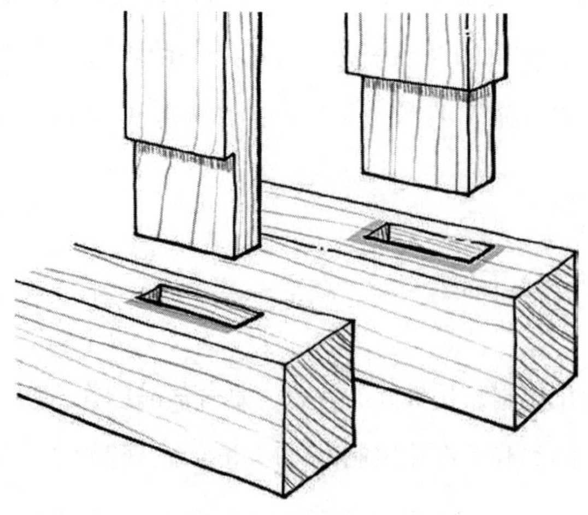

▲供给与需求像榫卯的凹与凸一样精准契合

人们对生活品质的要求越来越高。对用户来说，“不将就”是他们的消费态度；“实用”不再是对产品的唯一诉求，产品与自我情感、人生经历以及审美取向的契合越来越重要。为满足用户彰显自我个性的需求，个性化定制应运而生。

鞋类个性化定制，目前已具有一定规模，大到龙头企业，小到地方品牌，都开始试水个性化定制。西班牙有一句俗语，“鞋子在哪儿硌脚，只有自己才知道。”比起服饰，用户对鞋子的舒适度有着更高要求，需要更契合用户的个人形体特征。在设计上还能集中体现用户的个性与审美，因此个性化定制前景广阔。

面对用户对于个性化鞋子的需求，耐克发起Nike Makers’Experience活动，让用户在AR等技术帮助下进行图案自主设计，90分钟后就能穿上自己设计的运动鞋；通过阿迪达斯的“miadidas定制”平台，用户可选择心仪的基本款式，对鞋子的材质、纹路、衬里、贝壳头、鞋底等进行定制，但生产周期较长，要在5周内才能送达；国产品牌安踏也推出ANTAUN个性化定制平台，用户可以享受对鞋子内侧、外侧、鞋底、鞋舌等部位进行材质选择、色彩搭配等定制化服务。

在移动互联网、物联网的赋能下，海尔、上汽大通等传统企业分别推出定制空调、定制汽车等个性化定制产品。满足用户个性，成为行业共识，也鞭策企业打开想象，在产品外观与功能、销售方式与服务方式等更多方面，满足用户的需求。

◎颠覆传统的柔性供应

如果说个性化定制是目的，那么柔性供应就是实现目标的手段。可以想象，满足每一位用户的个性化需求，会让产品承载的工作负荷呈几何倍数增长。如果还按照传统方式以人工来完成，工作强度以及人力成本可想而知。

增强柔性，是移商群体针对这一问题给出的解决方案。所谓柔性，是指企业对于环境变化做出快速反应的能力。面对市场变化，能够迅速做出产品或服务的调整，这就是企业的柔性供应能力。

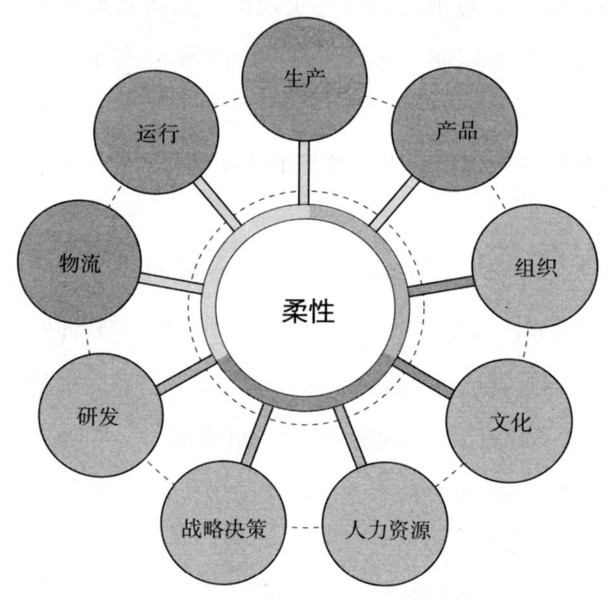

▲柔性供应能力成为企业战略性资源

2016年政府工作报告中，李克强总理谈到“柔性化生产”，就是柔性供应在制造业的体现。在移动互联网、大数据、物联网等技术赋能下，厂商可以精准控制生产流程中的每个环节，让整个系统可变更、易增减，具有柔性，能够快速响应用户需求变化，实现非标准化定制。已经能够实现柔性生产的格力，其智能装备产业园的生产线甚至达到“熄灯”标准，几乎无须人工。索菲亚“互联网+定制衣柜”的柔性生产线能够在确保生产效率的基础上完成定制化的自动调整，并且定制家具的价格也很亲民。

对于移商新物种来说，大数据技术是实现柔性供应的基础。如果没有大数据对传统供应链的变革，商家就无力处理大量用户的个性化定制需求，就无法根据个性化需求实现柔性供应。为此，企业或通过自我重塑打造柔性供应能力，或采用第三方柔性供应解决方案，用“柔性”给予市场更积极的反馈。

唯品会第二代蜂巢系统用全新智能运动控制单元和超大规模实时柔性调度算法，为电商仓储柔性化订单提供解决方案；女装品牌C&M与京东物流牵手，不仅实现更快配送速度，还能获得京东物流反向输出的消费分析数据，实现精准供应、精准营销、精准服务；由于生鲜产品不易保存的特点，易果、九曳、每日优鲜、生鲜购等企业的背后更离不开强大的柔性供应链体系配合。

2017年“双十一”韩都衣舍在国际大牌服饰云集的大战中，第四次斩获互联网服饰品牌冠军，成功的背后不容忽视的是其强悍的柔性供应能力。在采集、分析用户数据方面不遗余力的韩都衣舍，通过不断沉淀流量信息、成交量等购物大数据，分析不同产品的受欢迎程度，并以此为基础快速制定新品策略。如果新品畅销，则立即追加订单；若滞销，则果断放弃，重新设计新品。这种快周期、小批量、快速补单等举措，体现了生产、销售、管理等多个维度的柔性，也让韩都衣舍成为电商4.0时代的佼佼者。

企业的柔性供应能力，成为移动互联网时代必备的一种战略性资源，体现了在技术、供应链、管理、文化、战略、营销等方面柔性能力的有机结合，孕育了一种新的商业逻辑。伴随线上线下的相互贯通，更多数据诞生，移动互联网技术平台的作用更加突显，通过数据集聚与共享，为企业判断用户需求的变化、提升柔性供应能力奠定了基础。在企业内部同样也需注重数据收集，如产品研发成功率、决策效率、人才柔性引进能力等，这些数据可以更好地帮助企业进行内部优化。这种内功修炼，将反哺企业整体柔性供应能力，提升企业的快速反应能力，更好地满足用户需求。

移商赋能力

当消费结构升级的大趋势遇到势在必行的供给侧改革，个性化定制与柔性供应成为必然。移动互联网、大数据、云计算、物联网、人工智能等技术深度应用于企业发展中，不仅颠覆了传统商业模式，还完成了“以产品为中心”向“以用户为中心”的根本性转折，同时也帮助企业提高柔性供应能力，让用户能够以亲民的价格享受个性化服务，实现供给与需求的精准匹配。

Part Three

—— 下篇 ——

触摸未来

DNA能决定一个人的生老病死，甚至性格命运；也能决定一个新物种在未来的影响力。具备无边界、快更迭、用户力、大重构、小精准等基因的移商新物种，善于拥抱变化，与生俱来具备开放属性。无论是全球竞逐的大数据，还是带有科幻意趣色彩的人工智能，又或者向群居性生物学习的群体智能，在赋能未来商业升级的路上，这些充满想象力的科技都是必不可少的制胜武器。

CHAPTER 8

数据基因

如果你拷问数据到一定程度，它会坦白一切。

——罗纳德·哈里·科斯（Ronald H. Coase），美国芝加哥大学教授，
诺贝尔经济学奖获得者，代表作有《企业的性质》《社会成本问题》等

数据：未来商业的主语

改编自真实故事的电影《Moneyball》里，奥克兰运动家职业棒球队经理比利·比恩（Billy Beane），在耶鲁大学经济学硕士彼得·布兰德（Peter Brand）的帮助下，通过数学建模的方式和大数据分析，采用上垒率指标来挑选球员。这些球员的身价远不如其他知名球员，但比利·比恩（Billy Beane）却带领他们取得20场连胜，在2002年的美国联盟西部赛事中夺得冠军。以数据思维和方式做商业运营，在20世纪就已经出现，但在今天这个数据量越来越大的时代，数据指导运营、考核成效、预判趋势、影响决策的功能正在持续发酵，对未来商业的影响力也在逐步升级。

◎数据预测的社会

"大数据的核心就是预测"，这是数据科学家维克托·迈尔·舍恩伯格（Viktor Mayer-Schönberger）的认知。海量数据经过计算机的自我学习，在不断挖掘和试错中，形成预测。素食主义者不太容易误机，网上约会配对成功率与评分成反比，提前退休会缩短寿命……这些超出传统认知的结论正是通过大数据挖掘出的规律。

▲大数据预测模型

当我们掌握正确处理和分析大数据的能力时，就能预测事情发生的各种可能性。Target超市把婴儿用品优惠券寄给了一位女高中生，因为系统预测到她怀孕了；奥巴马（Barack Hussein Obama）竞选时，电话访问、家访对象指向“摇摆选民”，因为预测系统告诉他的团队，这样的接触更容易赢得选票；表现出色的精英面试后被拒绝，因为银行征信数据指出，他可能存在严重的诚信问题。无处不在的数据预测，正被应用到各行各业。未来，我们生活的世界会因为强大的数据预测能力，而被彻底改变。

上下班不再堵车。通过分析各种交通数据，实时预测交通流量，通过信号灯、收费等手段予以调节，并结合个人生活习惯数据，告知你途经的干洗店已经熨好衣服，附近花店刚刚上架你喜欢的铃兰……以上综合分析结果在几秒钟内反馈到车内导航系统，为你选择最佳线路。海信自适应信号控制系统，已经在南昌15条绿波控制路段实现行车时间减少30%以上，车速平均提高40%以上，交通流量提高15%以上，“一路绿灯”、没有拥堵的城市出行正在实现[1]。

癌症没有机会病变。因为生活习惯、医疗记录和基因等数据将被深度分析，并根据分析结果预测病发概率，你可以选择手术或药物治疗进行预防。安吉丽娜·朱莉（Angelina Jolie）根据运算系统的数据预测，87%的可能性患上乳腺癌，而主动选择乳房切除手术。大数据让我们学会防患于未然。

犯罪变得越来越难。犯罪预测系统，能计算出个人的犯罪类型、犯罪概率、最有可能犯罪的时间等信息。当丈夫早起看到脏乱的厨房和泡烂的早餐，准备拿起桌上的水果刀冲向妻子时，警察已经冲进家门……这种电影里的场景将成为真实生活。每个警察都能变身为“读心神探”，犯罪未遂将成为常态，各种潜在的犯罪端倪在大数据分析下无所遁形。

1 钱德虎.《落后美国93%：谁来拯救被荒弃的中国城市大数据》[N]. 虎嗅网，2017-03-24

彩票可能会消失。擅长概率演算的大数据，开奖前就能推算出下一组中奖数字。

广告变得没有意义。任何产品都将变成透明数据，与你的实际需要相关联，价格、用料、产地等要素的广告包装，会让你觉得越来越反感。

人与人之间没有秘密。就像思维透明的三体人，你所想的一切都能被大数据洞察。

寿命将越来越长。渗入生活的大数据，无时不在提醒你，什么样的饮食、穿着，运动规律、营养补充、药物治疗……能让你保持健康、延长生命。

犹如空气，数据存在于各个角落，被采集、被分析、被交易，充满大数据预测的商业社会正向我们靠近。

◎数据不是万能编码器

2016年美国大选时大数据预测普遍失灵，唐纳德•特朗普（Donald Trump）在“低胜率”中获胜；遇上国庆节出行高峰，再精准的大数据也治不好“堵王”杭金衢高速。大数据不是万能的，它有能力预测可能性，但没有能力永远正确，也没有能力解决一切问题。

数据是会“说谎”的。任何分析都应建立于真实数据之上，一味追求数量和效率而忽视数据来源，这样的数据所得出的分析结论令人难以信服。2017年火爆的“双十一”，天猫交出了成交额1682亿元的成绩单，但网上却流传着“爆品是刷出来的，好评是刷出来的”等各种传言，围绕数据的暗战远比我们想象的更多。充斥网络的水军、刷手、键盘侠都是数据伪造高手，失真、失效、冗余的数据正在瓦解大数据的质量。

大数据受限于算法。随着数据量增加、分类精细、时间推移，算法的适用性也在改变。依靠数学模型，谷歌从5000万个检索词条中，成功且精准计算出冬季流感地区，比疾控中心预警公告提前2周以上。但2013年，谷歌流感趋势（GFT）预测偏差却高达140%，以致黯然关闭，GFT也从“大数据运用典范”变成“大数据缺陷典范”[1]。以无限数量的数据去对应匹配有限数量的数据点，很容易造成数据过度拟合，准确率也会随着新数据的出现而不断下降，甚至出现较大偏差。

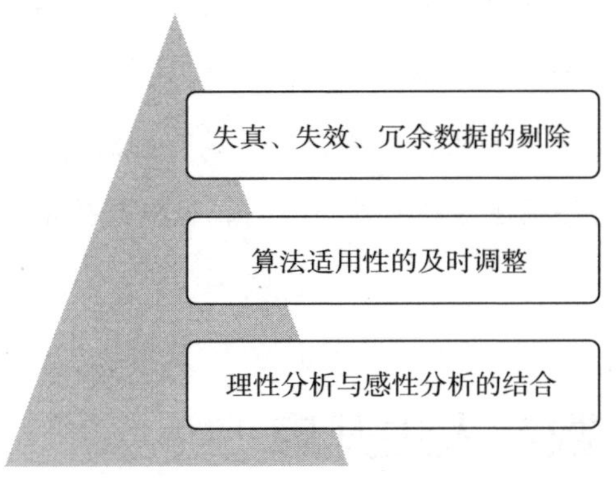

▲提高数据预测准确率的三个路径

偏向理性的大数据，在面对感性人类的情绪时常常失灵。每年发布的城市幸福指数，那个依据公式得出的分值并不能代表你对幸福的感受；凌晨时分点播的怀旧民谣，也许只是来自文章推荐，并不代表你是民谣爱好者；数据分析得出嫌疑人入室抢劫，但他可能会因为室内小孩的哭声而放弃。用数据量化一个人的情绪，往往会忽略人的主体对行为的控制力。数据不能代替人们体验情感、经历痛苦，更不能带来人格力量的提升。

数据不是万能的，过度依赖数据，可能会让你的商业决策走向失败。在数据挖掘过程中，我们需要利用大部分时间做数据清理，从中排除无效、错误数据；还要不断收集新数据，以检查算法模型的适用性；并从真实的原始

1 C4编译.《大数据并不是万能的，我们能从谷歌流感趋势预测的失败中学到什么？》[N]. 贝壳社（微信号：iBio4P），2015-10-12

数据出发，结合个体样本的感性分析，让数据学会以人为本，以提高数据预测的准确率。

移商赋能力

数据是未来商业的主语，它如同上帝，能预知一切。依靠大数据强大的预测能力，未来商业将表现出强劲创造力。通过模拟现实环境挖掘新需求，细分客户群体定制个性化产品和服务，以及强化部门联系提高产业链效率等方式，大数据无限赋能商业。移商的未来，离不开大数据，因为移商服务的主体——人，也在数据化。

人的重构：数字人生开启

以前，数据是人们从多次实践中找到的大概率方法，演化出的是经验；现在，数据用数字0和1模拟社会状态，体现为各种量化指标；未来，数据将成为人的一部分，无论你行至何处，都有一个代表你的数据跟随左右，商家以此来判断你会不会买东西、会买什么东西、会在何时购买，路人以此判断你是不是容易搭讪亲近、彼此有没有共同爱好，甚至值不值得追求。未来，数据会成为器官一样的存在，没有数据标签会被认为是一件非常危险的事，离开它，你可能在这个星球买不到食物无法生存。

◎我们都是“标签人”

“如果它看起来像鸭子，游泳像鸭子，叫声像鸭子，那么它可能就是只鸭子。”引自美国诗人、记者詹姆斯·惠特科姆·莱利（James Whitcomb Riley）著名诗句的鸭子测试，通过行为特征来辨别未知物，这也从侧面展示了数据标签的应用。比如你把系统语言更改为英语，选择观看英文电影，微信聊天常用英文输入，数据后台会给你贴上“英语”标签，然后向你推荐英文App、同样标签的陌生好友、外国教授演讲课程、欧美风服饰、欧美音乐、欧美歌手演唱会等带有“英语”标签的产品及服务。数据覆盖下，每个人都是由“标签”构成的。

▲每个人身上都带有各种标签

标签的形成有两大途径，一种是个人主动打标签，根据自身感受标记不同产品、行为等，以此形成个人化标签，成为后台数据系统所分析的数据；另一种是数据分析者主动打标签，根据地域、时间、性格、行为、学历、收入、年龄、社会关系、心理状态等各种类目，描摹用户画像，为每个人贴上不同标签，以此划分用户类群，更新产品功能，进行个性推荐等商业行为。

一部电影，你看是“悲剧”，我看是“喜剧”，他看则是“人性思考的历史剧”，她看却是“每一帧都能当桌面”，还有人看是“长镜头”“午夜片”“父与子”……豆瓣允许用户对“书影音”打标签，体现的是不同的人对同一事物认知逻辑的不同，不仅能让用户更好地组织内容，方便未来查找，也能构建以用户思维理解而来的产品标签，对应描绘出不同的人物画像。

同一行为被不同的个人录入不同的标签，数据系统也会相应做出不同判断。标记“每一帧都能当桌面”的，会被标上“视觉系”标签，得到更多艺术设计类同城活动推荐；标记“人性思考的历史剧”的，会被贴上“思想者”标签，社科类、历史类书籍更易被推荐。

一位女士在早饭时间搜索大尺寸榉木柄平底锅，在亚马逊的数据档案里，“厨房”“早晨”“家庭”“自然”等标签可能会跟随她；一位男士在午夜单曲循环《Blowing in the Wind》数十遍，“午夜”“怀旧”“孤独”“忠诚”“失恋”等标签可能会被标记在他的网易云音乐数据档案里。如果这位女士和男士的标签来自同一个IP，两者可能会被“已婚”“矛盾”等标签相关联。

每一个被数据关联的人，你的消费行为等元数据最终都会被商家、机构、政府描绘成一个个标签。当某些标签点重复出现时，数据系统会深入了解你的需求和喜好，自动判断你是一个什么样的人。

过去，我们用标签标记产品属性；现在，即使是人这样的“非标品”，在新数据模型下也有了个人化的标签。无论是数据系统为个人打标签，还是个人主动打标签形成同一行为的不同数据，利用用户标签数据，赋能商业行为，在未来商业运用中会越来越普遍。随着数字化社会推进，数据记录的行为将越来越多。未来，覆盖在个人身上的标签会越来越丰富和细致。

◎被数据重构的“思考者”

数据对人的重构，不仅在于用标签定义人类个体；改变你我的思维方式，才是大数据对人的最大变革。因为懂得思考，人类成为地球上唯一的高级生物，而今化身“标签人”的我们，在大数据的引导下，正用不同的方式思考同一问题。

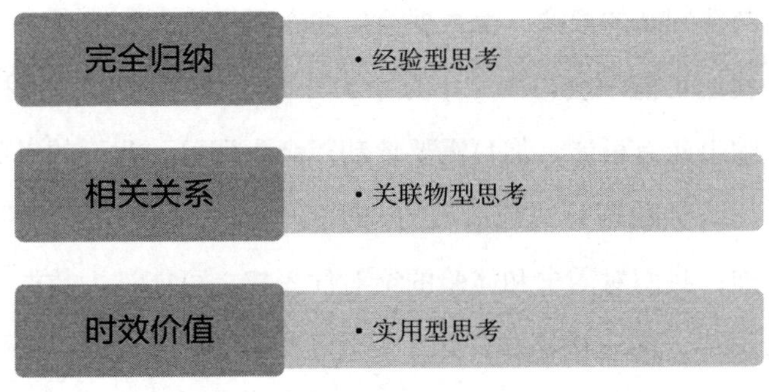

▲大数据重构人的思维方式

以总体为样本的大数据，几乎囊括全部的人类经验，用这种接近于完全归纳的方法进行的大数据分析，其分析结果是值得信赖的。新媒体小编过去一年写的文章标题里，超过一半有腾讯、阿里等标签；一到年底就会主动关联年终奖、年会、新年计划等标签，因为这些是被大数据智能归纳筛选出的关键词。在大数据引导下，人的思维会最大限度地排除其他联想和预设，用经验取代体验理解。

以相关关系为基础的大数据，淡化了线性因果逻辑，我们不再以原因预测结果或由结果自我反思探寻根源，而是找到相关变量即可。蛋挞与手电筒、啤酒与尿布看起来风马牛不相及，却存在非常强的相关购买关系，所以让美国沃尔玛连锁超市将它们摆在相邻货架刺激销售；穿特步鞋的男青年相亲被拒，因为大数据灌输给女方，特步鞋与中小学生存在更强的相关关系。人的思维，不再追问原因，而是聚焦“关联物”，也更愿意相信“关联物”给出的建议，而非自身感觉判断。

以时效价值为先的大数据，不再要求精确度，如何快速掌握信息流向，获取大概轮廓和脉络才是重点。当当综合所有顾客购买图书的记录，将筛选出的同时购买其他书籍的相关信息推送给你，而非从你个人的消费喜好出发。这种快速但不精确的推测，影响着你我的消费行为，“是否需要”不再是我们做出消费判断的根源，大数据给出的参照物将成为思考决策的依据。

未来，我们可能不会再问“十万个为什么”，因为拥有总体样本的大数据，几乎归纳出所有可能，你只需要依葫芦画瓢即可；我们的审美不再遵从内心感觉，因为大数据算法制造出的“颜值”测试软件、“美颜”相机正在定义美的标准；我们对需求和体验的绝对优先权，可能被大数据剥夺，因为大数据会告诉你，你应该喜欢什么（尽管不是强制，但已经被深深影响）；我们可能成为思考懒人，个人意志可能变得不那么重要，因为我们都被大数据划分成不同种群，个体的独特生活方式和思考方式被淡化，我们会习惯跟着群体行为做决定。

对于人，大数据正从一个数值、一种技术，进化成工具、态度、标准，甚至思维方式，重构我们对世界的认知。构建社群、引导消费、重构消费者对产品的认知，是大数据赋能未来商业的重要路径。

◎信用值是人的消费身份证

大数据不断给我们贴上不同标签，但对个人而言，最值钱的标签是信用值。基于单一的信贷记录来刻画一个人的“信用画像”早已成为过去式。数据时代，支付、社交等新生活方式正在改变信任模式，信用数据的来源充分拓宽，一个人的基础信息、消费偏好、消费层次、人脉关系、资金往来，甚至职场表现、社交媒体言论等都是信用数据源。数据越完整，信用画像的分辨率就越高，信用的触角也将越深越广。

大数据构建的未来信用城市，实物身份证将被写入历史；各种证明不再成为申办签证的必备流程；租房不需要押金；面试时信用值成为必查指数；去超市购物，信用值自动划分谁能优先使用稀缺物品。你以为这些场景只存在于遥远的未来，但它已经出现在我们真实的生活里。

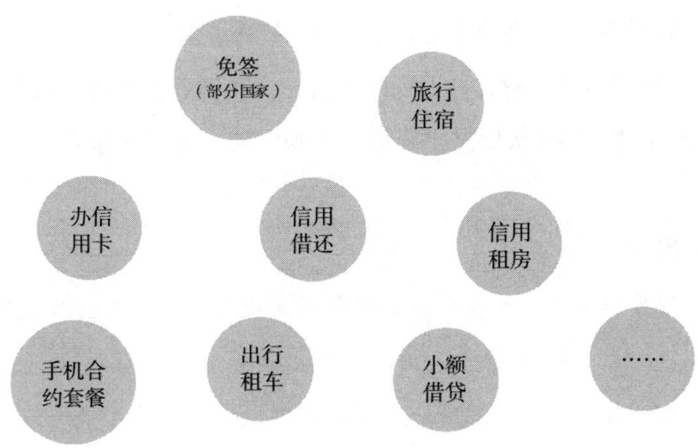

▲芝麻信用分的各种用途

共享经济中的“信任”，以及芝麻信用分的多种信用服务，已经开启了“信用”生活。当你的芝麻信用值高于一定额度，从免押金借充电宝、借伞、租车、租房、住星级酒店，到看病先诊疗再付费、免除所有付费排队环节，以及享受信用借还、保险极速理赔、线上快速办卡、快速申请签证、低息贷款等，多种差异化的信用待遇，代表着信用值对消费生活的影响力不断升级。

可以预见的是，未来信用值是财富的象征，是你我最重要的个人资产。甚至相较于现金和存款，我们更依赖信用记录的积累。在未来，一切数据都可以是信用数据，一切场景都是信用场景，每个人出门都自带信用光环。你可能会因为信用值过低买不到心仪的房子，不能去理想的企业工作，无法出国游玩，被保险公司拒单，付出更多金钱购买消费品，没有人愿意成为你的朋友，甚至还要忍受陌生人的鄙夷目光。

经济社会的交易成本中有一部分为隐性成本，信任则是隐性成本中最大和最不确定的那部分。财经作家吴晓波曾言，“在公民社会，信用的效率决定了一切交易运转的效率”。大数据让信用值成为个人的消费凭证，也能成为企业、机构的标签，在商业运行系统中，提升交易效率。

信用值越高的人，越容易得到他人信任，获得更多支持。而当信用值向组织、企业延伸，将大大降低交易中的不确定性，提升社会效率。

移商赋能力

任何数据与人产生关联，都具备商业价值。人的任何行为都能数据化：一方面，不断细分人的个性化行为，不断收集关于人的新数据，驱动产品迭代创新；另一方面，数据以信用值的形式规范人类行为，提升社会效率。未来，商品靠数据来卖，人靠数据来买。

企业思维转向：量变等于质变

对于未来移商而言，拥有越庞大的数据，意味着拥有越强大的商业筹码，越能在未来竞争中实现飞跃。数据增长的量变等于企业价值的质变。在数据分析师的眼中，一切皆可量化。通过GPS，位置可以被数据化；通过感应器，空气质量可以被数据化；通过传感器监控，交通流量可以数据化；戴上手环，你的睡眠可以数据化；对聊天记录进行分析，情绪也能数据化……无孔不入的数据，让社会的信息记录能力充分释放，数据成为了解用户、突破创新的重要渠道，未来每个公司都将必备数据官一职。

◎大公司霸权

谷歌每天需要处理24PB数据，每秒处理63000万次搜索；滴滴每天处理

70TB数据，每天进行90亿次路线规划；腾讯每天新增200多TB数据[1]。被称为“新型石油”的大数据，分布的天平越来越倾斜，谷歌、腾讯、滴滴这样的互联网巨头，扼守数据源头，不仅数据量遥遥领先，且触角深入产业各环节，地位越来越巩固，数据价值也越来越高。消失在20世纪的“垄断寡头”，可能在数据时代再次出现。

数据变成利益博弈的筹码，未来的科技竞争力也将在兆亿量级的数据中产生。正如阿里利用大数据建立的芝麻信用体系，成为越来越多第三方机构的信用认证标准。牢牢把握住人们搜索、社交、出行、资讯、消费等入口的互联网巨头，也将大数据触角伸向生活的每个角落，数据霸权正在形成。

它们是商业规则的书写者。要想提高芝麻信用分，就不得不关联信用卡、公积金、车辆等隐私信息；为了增加曝光而付费上微博热搜，早已不是什么新鲜事。在数据霸权制定的规则面前，即使是最优秀的专家也不得不妥协。美国企业家、发明家雷·库兹韦尔（Ray Kurzweil），为了使用谷歌的数据研究人工智能而不得不加入谷歌公司，就是对数据霸权的让步。

它们是社会信息的掌控者。无论你是否愿意，你的行为都被记录在案，无数个“你”产生的数据，构成整个社会信息，并存储在互联网公司的硬盘里。使用百度地图导航的汽车司机，什么时间，走了哪条路，在哪里停留，路上花了多少时间，路况如何等信息被存储起来。通过梳理无数条这样的信息，百度地图就能知道路面相关的所有数据，甚至比政府的相关信息系统还能更快掌握哪里发生车祸、哪里堵车、哪里的门店最火爆、谁爱飙车、谁是吃货等信息。

它们是社会资源的分配者。庞大的数据资源被大公司垄断，成为它们的私有资产。例如，“双十一”数据显示北京人热衷民族风，民族服饰产业链

---

1 PB：petabyte，拍字节；TB：Terabyte，太字节，均为计算机存储单位。1PB=1024TB；1TB=1024GB

就会向北京人倾斜。覆盖吃穿住行的大数据，成为资源分配的依据，用来布局生产、仓储、流通、分配、消费活动等，这相当于谁掌握了大数据，谁就能把控住全行业的经济命脉。

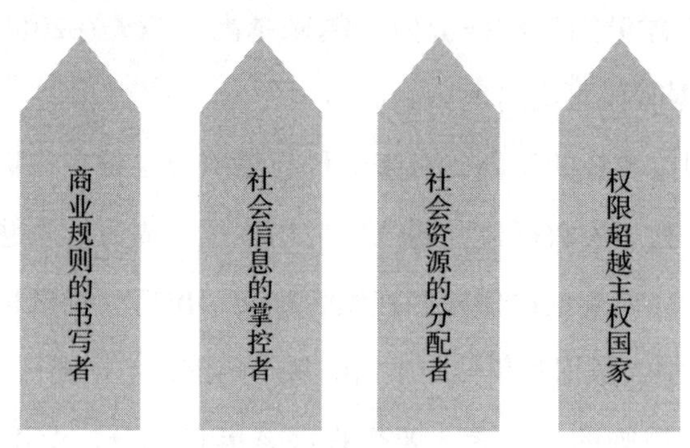

▲大公司数据霸权正在形成

它们的权限可能超越主权国家。美国政府因为反恐案件调查，“侵犯”了苹果公司数据库，最终收到法院罚单。这件事情从某个角度说明：如果主权国家或者国际组织，没有能力破解“数据寡头”的垄断问题，在未来全球网络社会背景下，它们在很多方面会陷入被动，而且各行各业的大多数公司也将会成为行业数据链下的被迫接受者。

未来的大数据，都是社会化数据，人和人、人和产品、人和服务的关系都会用数据呈现。如果庞大的数据被BAT、亚马逊、谷歌等这样的大公司所垄断，那么垄断数据的大公司就能制定产品标准，决定生产什么销售什么，甚至卖给谁。也许，国籍将消失，取而代之的是数据霸权企业之间的竞争。

◎以小见大的数据洞察

掌握海量数据的谷歌早已意识到，即使拥有庞大的数据库，也无法彻底了解人类的行为和动机。这个迷恋大数据的时代，很多企业重金投入到数据库的建立，梦想成为执掌未来的数据公司。大数据分析，往往意味着高成本投入，尽管得出的结论令人眼前一亮，但对消费的深层动机——人的内在感受却一无所知。数据的运用终将回归人的本质，重分析轻情感的大数据，需要近距离、深入现场的“小数据”加以补充。

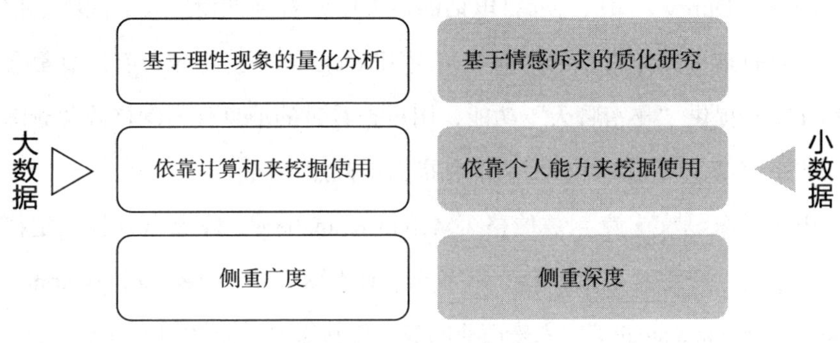

▲互为补充的大数据与小数据

相比大数据侧重于广度，“小数据”的重点在于深度。数据样本呈现断点式分布，而非连续性；数据对象指向个体，更关注个体的细微活动，需要对样本进行全方位的精确分析。要在小数据中寻找用户痛点，因为“小而美”的小数据强调信息的实质功能，注重诉求人的情感因素，剖析的是因果关系，挖掘的是用户真实的需求。

大数据分析是基于理性现象的量化分析，小数据分析则是基于人类情感诉求的质化研究，进而指导内容、设计和产品开发，促成创新，创造新价值。令11岁男孩骄傲的物品是一双穿坏的溜冰鞋，因为那代表他是小镇最好的溜冰者。这个小数据，让乐高团队意识到每个孩子都有自己的兴趣，于是决定做更小的积木块，让孩子掌握主动权，自己用积木讲故事。这一决策让乐高销售额迅速攀升，成为孩子喜爱的超级玩具品牌。

大数据挖掘要靠计算机，小数据挖掘则靠个人能力。马丁（Martin Lindstrom）观察俄罗斯人，从遮嘴打电话、行人不爱笑、贴满磁贴的冰箱、红嘴唇的女性等小数据中，发现俄罗斯女人有强烈的表达愿望。于是邀请“妈妈大使”塑造可靠的俄罗斯妈妈形象，一起创建电商平台Mamagazin（译为“妈妈的店”），主张尊重倾听俄罗斯女性的声音。妈妈的店迅速发展，被俄罗斯妈妈评为“最吸引人的网站”。而帕沃尔・杜罗夫（Pavel・Durov）却从遮嘴打电话的行为中，看到俄罗斯人之间缺乏信任感，于是打造了侧重安全的即时通信应用Telegram。它主张所有消息都会端对端加密，提供“秘密聊天”功能，用户查看过的消息会自动格式化删除。同样的小数据，两个人挖掘出的信息指向却截然不同。

历史学家马文・克兰兹伯格（Melvin Kranzberg）曾提出科技六定律，其中一条是“技术总是配‘套’出来的，有大就有小（ Technology comes in packages，big and small）”。未来商业的成功创新需要大数据和小数据的结合。去陌生城市，像当地人一样生活几天；立于城市街头，与你觉得有趣的过路者聊天；走进消费者家中，去寻找蛛丝马迹；或者只是观察特定的某个人，从他的房间布置、吃饭习惯、惯用手势、待人礼节、社交用语、搜索词录、密码设置等各种细微处去挖掘他的内心动机。把上述行为所得到的细小线索建立关联，寻找出彼此的因果关系，就能挖掘到用户的潜在个性化需求。

◎效率竞赛一触即发

通过数据分析向目标消费群体精准推送视频节目，Netflix每年节省了10亿美元的广告宣传费用[1]；美国银行（Bank of America）根据员工行为数据，把休息制度从分时休息改成统一时间休息，工作效率上升23%，压力水平下降19%[2]。无论是节约成本提高资金效率，还是调整作息提高工作效率，在企

1　吕佳辉编译.《省钱神器：且看Netflix如何用AI一年省下10亿美元》[N]. 凤凰网，2016-06-20

2　《WE大会Ben Waber：如何通过大数据提高工作效率》[N]. 腾讯大成网，2014-11-04

业运营中运用数据提高效率，是大数据最核心的功能。

未来企业的效率升级，依赖数据驱动。或明智决策，让产品迭代创新，提高成功率；或加强联系，让产业链条降噪提速，提高转化率。前者是提高质量，做得更好；后者是提高速度，做得更快。

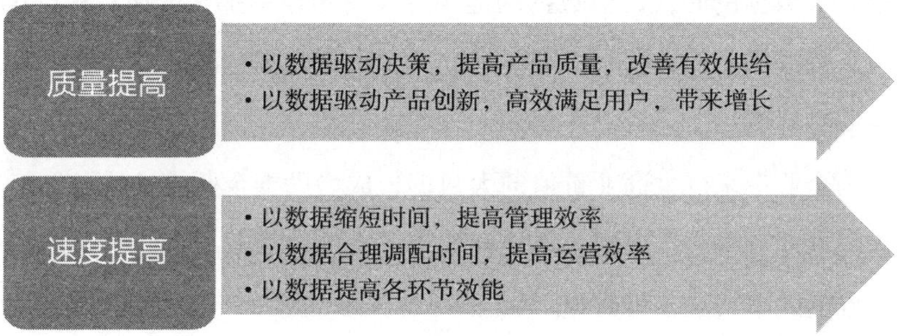

质量提高
- 以数据驱动决策，提高产品质量，改善有效供给
- 以数据驱动产品创新，高效满足用户，带来增长

速度提高
- 以数据缩短时间，提高管理效率
- 以数据合理调配时间，提高运营效率
- 以数据提高各环节效能

▲以数据驱动效率提升的两种方式

质量提高，一种是以数据驱动决策，一种是以数据驱动产品创新。Netflix公司根据大数据分析结果，选择导演大卫·芬奇（David Fincher）和演员凯文·史派西（Kevin Spacey）翻拍《纸牌屋》，从网络视频播出平台成功转向高质量的原创视频首播平台，付费用户激增。这是以数据驱动决策，制作符合用户喜好的高质内容，进而实现品牌的升级。Nike+社区在用户上传的数据中，发现用户多数在夜间跑步锻炼，于是设计人员在产品中加入反光材料，带来销量的增长。这是以数据驱动产品创新，高效实现用户偏好，成为拉动业绩增长的新引擎。

速度提高，则主要是产业链各环节效能的提高。以大数据构建的济南公交系统为例：通过“云调度”系统，把过去40分钟完成一次排班的时间缩短至5分钟，提升了管理效率；在交通状况复杂的路面实现24条线路“准时到站”，把误差控制在1分钟以内，提升了运营效率；在新建成的区域内500米半径，公交站点覆盖率达92.8%，降低了用户出行成本；根据公交车使用数据，定制“公交版发动机”、更改玻璃厚度、采用宽体单胎为车身减重，实现90%的节油率，降低了运营成本[1]。以大数据缩短时间、降低成本，实现效能升级，济南公交成为智慧出行的先行者。

相关调查指出，超过50%的企业高管非常关注大数据的运用。尽管这是一个迷恋大数据的时代，但数据的运用并没有想象中那么普遍。根据IDC数据显示，我国目前的数据利用率不到0.4%，大量数据“沉睡”在硬盘里，未能发挥应有价值。

能为企业带来巨大商业价值的大数据，成为助推企业成长的必备工具。在未来的商业竞争中，谁能赢得更高效率，谁就能从混战中脱颖而出。一场数据引发的效率大战不可避免。

移商赋能力

掌握数据资产，进行智能决策，是未来企业构建核心竞争力的第一步；但不要盲目迷信大数据，灵活运用小数据也能带来无限商业价值；以数据赢得更高效率，就能让企业实现质的飞跃。总之，借助数据，转变思维，这是企业决胜未来的必经之路。

1 张帅,赵东云.《济南公交大数据助力精准出行“云调度”打造守时公交》[N]. 齐鲁网，2017-01-11

智能进化

在人工智能上花一年时间，
足以让人相信上帝的存在。

——艾伦·佩利（Alan J.Perlis），美国工程院院士，ALGOL语言和计算机科学的“催生者”，图灵奖获得者

机器的成熟

冷冰冰的大型机器臂非常灵活地夹取配件、焊接装配、检验测试、刷漆放置……这样的场景在能源、纺织、设备制造、食品饮料制造等领域越来越常见。别以为人工智能只存在于工业制造，事实上每个人每天都在使用人工智能。垃圾邮件拦截、手机人脸识别、机器人客服语音回答、新闻个性化推荐等，都是人工智能的体现。随着移商新物种不断崛起，以及各大互联网巨头纷纷开启AI战略，AI会向更宽泛的商业应用倾斜，像互联网一样，成为个人、商家和社会不可分割的部分。对未来移商而言，人工智能必将无处不在。

◎“无人”现场

没有服务员，没有收银员，甚至没有厨师，透明玻璃后面是机械手臂在煮汤下面，短短几分钟所选的牛肉面就送至桌前，这是日本街头某餐厅的用餐情景。2017年无人超市、无人驾驶、无人工厂等各种“无人”商业层出不穷。尽管目前AI商用还不够成熟，但人工智能取代人类工种，必将在未来迎来集中爆发。

当你走进大型工厂，看不到一个工人。正在运转的生产线上，各种机械手臂在不停运作。1小时包10万个饺子、1小时洗几万只盘子、全年无休24小时在线、精准检测产品质量，像这样效能远高于普通人类的AI已渗入各行各业。到2025年，工业机器人年销产量将达到26万台，保有量将超过180万台[1]，

1 国家发改委官网发布《机器人产业发展规划（2016—2020年）》

大量程序化机械重复动作的工种将被全面取代。

当你走进酒店，不需要拿出身份证或护照登记，刚刚进门时的全身扫描，已经检测出你的身份和预订信息；机器门童推着行李，引导你前往房间；给传感器下达指令，机器管家会把你的夜宵送到房间；躺在床上闭上眼睛，房间灯光自动调暗；通过语音指令，会议室、健身房、餐厅包厢会为你留位，机器管家会按照你的要求布置好派对现场；离开酒店，无须重复结账动作，关上房门前按下“离开”按钮即可。复杂的消费场所也将进入无人状态。

当你走进医院，可能看不到护士医生。一台全身自动扫描仪，就能感知你的身体是否存在异样，机器人医生会迅速做出详细治疗方案。即使是复杂的脑外科手术，也能通过精密的机器来操作，甚至准确度和成功率都远高于人类医生。复杂且对操作要求极其苛刻的服务领域，也将无人化。

当你走进剧院，机器人正站在舞台上取悦人类。“他们”的表情跟人类演员一样丰富，甚至能流下“真诚”的眼泪；服装造型变化多样，超越人类身体极限的舞蹈动作，也能轻松展现；遇到不同国籍的观众，表演语言秒速切换，剧本随机改动演绎出入乡随俗的不同版本。机器人也可以实现复杂的艺术创作。

当你去学校上课，站在讲台上授课的是机器人老师，碰到从未涉猎的难题，只需几十秒搜索就能给你答案；心理辅导室的机器人老师，正像大白一样安抚你的同学。未来的“老师”不仅有你问不倒的超级大脑，还能陪你聊天谈心，帮你解决青春期烦恼。复杂的心灵沟通，机器人也能完成。

从机械制造领域，到复杂的消费服务领域，再到强调自主意识的艺术创作和语言沟通，人工智能的想象力将无限发散。即使这样的未来还难以触及，但人机协作早已在各行各业开枝散叶。AI全面走进人类生活是商业的必然。

◎当机器学会“思考”

一个叫萨曼莎（Samantha）的姑娘，通过语音对话与一个叫西奥多（Theodore Twombly）的男性相恋。这个故事听上去很像20世纪初流行的网恋，但在电影《Her》里，萨曼莎（Samantha）只是一个智能操作系统，她能听懂西奥多的情绪，即使西奥多不说话她也能体会到他的感伤……每个人都憧憬将这样体贴的人工智能为自己所用。

2017年10月，女性机器人索菲娅（Sophia）被沙特授予公民身份，这是机器人享有人类权利的开始。长相酷似西方人，穿着精致剪裁的服装，拥有60余种面部表情的索菲娅像人类一样聊天说笑，接受记者采访，在脱口秀节目中与主持人互怼，建立起刻薄幽默的“人格化”形象；一个月后，她表示想组建一个家庭且想要个女儿，对人类生活充满向往，“人伦理念”逐步构建；也许再过不久，她会拥有知觉意识，会有痛感，会生病，也会拥有复杂情绪，需要心理医生疏导，并懂得人性思考，成为一个真正的“人”。

机器人本体一步步向人类靠近，这是“人机协作”的一个趋向。尽管目前还无法让机器人具有自主意识，但人类本身的情感需求，会让AI定格在人格化和超能力共存的状态。不一定拥有像索菲娅一样拟人化的“躯体”，从机器人本体出发，AI在未来商业中的运用，要么以深度学习强化机器“认知”升级机器能力，要么通过模仿人类思维方式来塑造机器人格。

经验类化，是机器能力的商业扩散路径，把机器掌握的“数据”信息，转化为便于人类使用的经验方法，完成研究情境到使用情境的理性转移。退役后的AlphaGo以围棋教学软件的身份重出江湖，“大脑”中的数万个棋局，转化成下棋经验，帮助青少年掌握围棋技巧；医疗机器人沃森根据各种检查单据做出详细的西医诊疗方案，用强大的医学知识储备辅助人类医生找到治疗方法；Tasty One Top智能电磁炉把1700份食谱分解成智能操作指示，帮助不会做饭的主妇完成一顿丰盛的晚餐。

	路径	方法	着力点
理性	机器的能力转移	经验类化	填补人类能力不足
感性	机器的人格塑造	场景构建	填补人类内心诉求

▲机器人本体的商业运用路径

从理性需求出发，用机器的超能力弥补人类不足，是AI走向商业的必经之路。反过来，若从感性需求出发，用机器的人格化来填补人类的内心诉求，则是另一个趋向，以场景催生不同机器人格分身，是AI商业化的捷径。

可以说，场景化是机器人格的商业化设计前提，让机器以人的方式去满足不同场景的需求，自如应对场景下的突发状况。机器人ELLI.Q能提醒老人散步、吃药，陪老人聊天，帮助不擅长使用新技术的老人使用社交媒体、阅读图书报纸，实时监测老人身体状况及家庭环境，代替不能常回家的儿女承担起部分照看老人的义务；机器人Domgy被设计成宠物狗的样子，会根据主人的行为而产生情绪反应，能以各种仿生表情取悦主人，成为人类家庭生活的玩伴。以后每个人都有自己的机器人，跟人类相处，成为人类的听众、朋友、导师、情人。

学会“思考”的机器不是普通的智能化工具，我们需要它超越人类感知的计算能力，也需要它与人进行情感交流。借助AI帮助人们完成任务，同时实现情感诉求，理性与感性交叉，这是AI商业运用的必然。

◎人人都是“机器人”

当机器在向人类“学习”感知、情绪、意识时，人类也期待具备机器的超能力。披上钢铁侠战甲上天入地，拥有金刚狼的自我治愈能力，或者像万磁王一样用意念控制万物……这些不仅仅是小说、漫画、电影里的故事场景，更是人类向往超能力的欲望表达。

人工心脏、人工骨骼、人工皮肤、人工耳蜗等“机器”被广泛运用到人体，人工智能与生命健康的结合越来越多。即使是一个健全人，也被手环、手机、智能眼镜等包围着，透过“机器”去感知、认识，甚至控制世界，人机交互越来越智能。

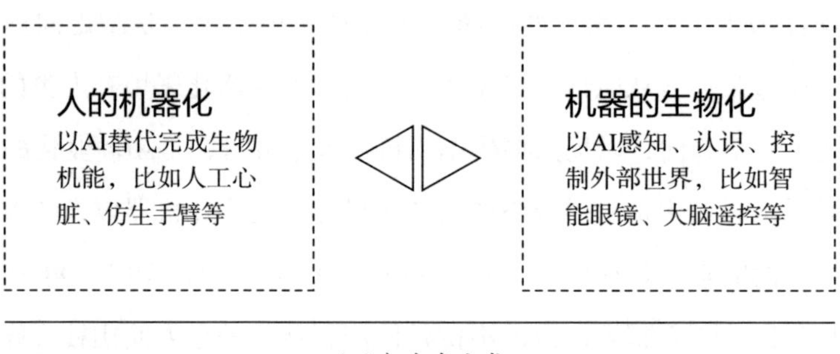

▲人机合成方式

戴上eSight，几乎全盲的安娜能独自看书读报、逛街看电影；装上智能仿生手臂，失去双臂的人可以正常使用筷子、翻页看书；当我们走向衰老，新型智能生物材料能修复受伤的身体，刺激骨骼再生……用智能“机器”修复衰退机能，增强细胞活力，甚至延续生命，未来再也没有纯粹的生物人。

除了生命本身，身为“机器人”的我们更需要拥有控制外部世界的“超能力”。刷脸、手摇、扫描视网膜、DNA识别等个性化生物识别方式，运用于智能化的人机交互，未来人类将摆脱任何形式的交互界面，输入信息的方式更加简单随意；借助人工智能，机器能非常直观、全面地捕捉到人类的需求，并协助处理。

像见证奇迹时刻的魔术，我们仿佛真的拥有超能力，仅仅依靠生物特征，就能让紧锁的大门自动打开，让笨重的自行车跟随步行，让飞行的机器任人摆布，甚至用意念来控制身边的万千事物。

人工智能界有一个著名的奇点理论：2045年，机器智能和人类智能将开始相互兼容。届时，人脑与云端连接，通过意念即可控制外部世界。尽管这只是理论上的可能，但这样的“天方夜谭”人类早已开始尝试。

19世纪70年代，科学家让猴子用意念成功控制眼前的机械手臂；2002年，英国控制论专家凯文·沃里克（Kevin Warwick）亲身试验，把接受大脑信号的电脑芯片植入手臂，通过挥动手臂来远程控制联网的玩具车；2008年，美国科学家让猴子再次用意念控制远在日本的联网机器人走路。也许多年以后，我们将不再通过手机App遥控家里的电饭煲，大脑一转动，我们的需求就已经传给联网机器。随着万物互联和人工智能的深入推进，万物皆与大脑相连。

未来，每个人一生下来，除了物理空间有个自己，虚拟（网络）空间还有一个自己，甚至几个自己。从出生那一刻起，每个人的思维、记忆、情绪、意识都在云端被记录。人与机器将混淆在一起，我们生活的世界再也没有“人”，只有“机器人”。

移商赋能力

人工智能不仅会占据人类生活的各个空间，还将会向人类的身体、大脑、思想渗透。纯粹的人或者机器将从这个星球消失。让机器学会更人性的表达或者让人类拥有机器的超能力，未来商业的智能化正朝着这两个方向出发，终极目的地都是人与机器的完美融合。

新智人商业猜想

凯文 • 凯利（Kevin Kelly）曾说过，人工智能的每一次成功，都是人类在重新定义自己。尽管当前既没有出现具有人类意识的独立机器，也没有出现奇点论里的超级智能，但人工智能早已潜入人们的日常生活中。每天携带各种“智能机器”——智能手机、智能车、智能手环、智能鞋、智能眼镜……移动的我们，不再是传统意义的人类，而是被人工智能进化的新智人（人工智能与人脑智能相融合的新人类，区别于独立的生物智人）。

◎ 场景自我激活

人工智能走向成功，要先找到商业应用场景。这是“谷歌大脑之父”吴恩达的认知。如果得不到其他商业元素的回馈，新智人只能躲在自己的世界里自我欣赏，就如同一位与外界无法沟通的“病人”，那么人工智能也就失去了价值。

所谓商业，是一种有组织地提供顾客（人）所需物品与服务的一种行为。新智人的出现让商业行为要素及连接（组织）方式也相应发生了改变。随着人工智能发展，不仅融合生成出新智人，也同时衍生出其他新物品（或服务），智能器物成为商业场景中不可缺少的元素；另一方面，随着人与物的智能化，感知世界的界面被颠覆，必然带来信息连接方式的革新。

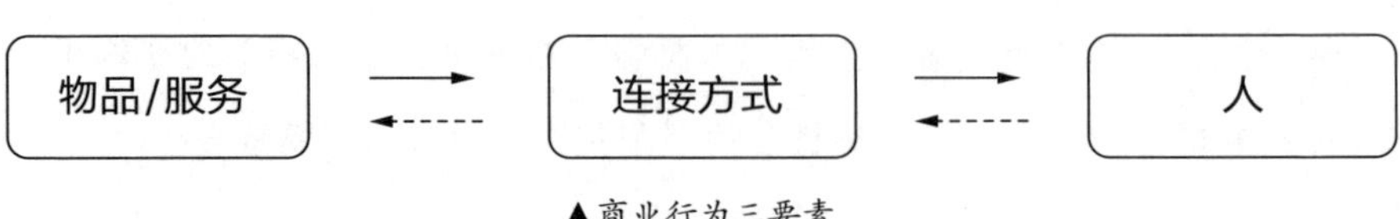

▲商业行为三要素

Nike生产的智能鞋装有传感器，只要用户穿着它运动，运动时间、距离、热量消耗值等数据就会同步更新到使用者的Facebook账户，朋友可以点击“鼓掌”按钮，这样跑步时听的iPod音乐里就有朋友的鼓掌声，它让跑步不再是一项“孤独的运动”。

现代汽车新设计的“爱聊天的校车”里，智能科技让车窗玻璃学会“说话”。通过一只小乌龟以写字画画的方式与听障儿童交流，上学或回家的路上，校车里的孩子们不再安静沉闷，而变得活跃有生气。这些画面还实时连接到智能手机上，让家长也能加入孩子们的“聊天”中。懂得“交流”的校车让声音关闭的耳朵重新打开，学会“听见”。

腾讯投资的某初创公司让自行车学会自动识别主人。没有用户的授权，任何人都骑不走它；当用户骑累了选择步行，不需要多余的动作和语言，放开双手，它就会自动跟随着上下坡、过马路；即使没跟上，它也能听到“召回”指示，穿越茫茫人海重新回到用户身边。

人工智能让跑鞋、校车、自行车等新物品与新智人产生“对话”。拥有“智能”的物品，不再是安放在角落里的“沉默者”，它能用符号、数字、语音、画面、动作、表情、温度等各种方式回应新智人所发出的各种需求，商业场景也相应催生出新的连接方式。

走进新开的服装店，拿起衣架上的衣服，站在试衣镜前，关于衣服的所有信息都被投射到镜子上，包括价格、材质、产地、设计师，甚至搭配方法、相关流行趋势等都能一目了然，点击镜子上的“购买”按钮，就能直接带回家；自然博物馆里，面对“恐龙怎么走路”的疑问，讲解员用手机里的AR技术就能唤出恐龙，让参观者与之互动。这些智能工具以多种方式为新智人与新物品之间建立新的连接方式，让人与物之间的信息交互更便捷、更开放，自动激活商业场景。

人、物、连接方式的智能化让场景空间呈现出无限想象力。路边广告牌里的女神，突然跟你打招呼；咖啡厅里的杯垫自动升温，加热你的咖啡；手中的钢笔突然发声，提醒你刚写的是错别字；打开的书本里，实验的过程正在虚拟演绎；机智的投影主动避开障碍物……我们生活的每个场景，都将被人工智能激活。

◎应用级AI的疯狂输出

近年来，全球人工智能创业活动越来越活跃，创业公司超过2000家，融资金额累计1914亿元[1]。人工智能的研发及成果也在不断地深入和扩展，从基础层、技术层向应用层推进，从精英阶层向普通大众扩展，并在机器学习、语音识别等13个领域都取得了不同程度的突破，应用级人工智能将迎来爆发式增长。

不再是高深莫测的知识序列，不再是实验室里的技术展示，人工智能就像是谷歌提供的一种基础网络服务，以廉价、可靠、工业级的数字智慧在一切事物背后运作，与4G通信网络、高铁、高速公路等基础设施一样，默默渗入人们的生活。在指数级增长的AI市场，人工智能不再“隐身”于背后，将创造出更多超越期待的应用级商业产品。

▲AI应用的三个商业路径

专一的“专家”

人工智能的商业应用以满足人们的需求为使命，必然带有特定目的。机

1 2017年8月腾讯研究院发布的《中美两国人工智能产业发展全面解读》

器驾驶代替人工驾驶，在雨夜、结冰地面、雪林、大雾、逆光、堵车等各种复杂环境都能实现安全高速行驶，甚至还能绕过障碍物在空中飞行，把出行路径从地面延伸至高空，以极其专业的驾驶技能出色完成每一次出行任务。人工智能不仅能代替人完成工作，还能帮助提升个人能力。使用人工智能训练不仅可以帮助马格努斯·卡尔森（Magnus Carlsen）多次获得国际象棋世界冠军，还可以帮助更多人成为更优秀的飞行员、医生、教师、警察、演奏家、撰稿人。让机器成为真正专业的“专家”，在单向道上去实现甚至超越人类需求的期待，是人工智能的商业趋向之一。

“无界”的交互

人工智能不断简化人们与世界的交互方式，点击再闪现的操作将被淘汰，及时且主动捕捉用户需求的人工智能会越来越普遍。比如，用语音给机器发出指令，不再需要特定的交互界面；通过解读用户的微表情，机器也能全方位感知用户的情绪；软屏的使用，把屏幕运用到穿戴设备上，用户可以不带手机就能出门；在家购物，也能感受商场的氛围；谷歌Pixel无线耳机的实时翻译，让沟通不延时。无限缩小人机交互的界限，让AI便捷出现在人类生活的各个角落，是应用级商业人工智能的必然路径。

“情感”的连接

人类要么为物质买单，要么为精神买单。拥有情感是人类对人工智能的期许，它不再是冰冷机器，而是可以“沟通”，像大白一样可以建立情感连接的AI。百度AI语音助手，可以从说话者的音量、音域、语速、音色等多个维度挖掘信息，判断对话者的情绪，实现个性化声音、生动对话、情绪响应。接听投诉电话的不再是一个程序，而是一个通情达理的倾听者以及问题解决者。在人类越来越关注自我的时代，人与人之间的情感沟通正在减少，而情感上的需求加深了人类对AI的依赖。所以强化人与机器的情感连接，也是AI商业应用的方向之一。

未来，人工智能将突破应用极限，在各个领域遍地开花。在医疗领域，从病情治疗到药物研发，从普通门诊到精密手术，从社区诊所到三甲医院，从富人专属到惠及大众百姓，人工智能不再局限于某个领域、单个场景、某个公司、某个人，而是扩散得更广更深，为人们的身体健康提供更多保障。

在教育学习领域，老师、学生都能享受到人工智能的便利。自动批改作业、自动匹配个性化专属课程、自动提供课外智能辅导服务，利用仿真游戏寓教于乐增强实践能力，各种智能教育产品层出不穷，改变人们的学习方式。

在家居生活领域，随着家务全面自动化时代的到来，每个家庭都有服务机器人“四件套”，分别主管做饭、清洁、安防、陪护，甚至房屋本身就是一套智能系统，墙是屏幕，也是能量源，一切家居设备都能被人工智能控制。

零售、餐饮、物流、安保、金融、广告……AI走出象牙塔，全面覆盖人类生活。

移商赋能力

走向商业，就是走向大众消费，就是走向各种场景应用。以更专一、更便利、更全面的智能化路径，打通产品（服务）与人的交互，激活消费场景，为生活带来无限可能。应用级人工智能的成倍增长和多元扩散，会让大众更适应人工智能生活。

CHAPTER 10

群体智能的超级生产

不管一个人多么有才能，
集体都常常比他更聪明和更有力。

——尼古拉·阿列克谢耶维奇·奥斯特洛夫斯基，苏联无产阶级革命家、作家，代表作有《钢铁是怎样炼成的》《柯察金的幸福》等

共享：重塑商业观

万物互联的信息世界，人类群体智能的效应正在发散。主张把冗余所有权转让出来的共享模式，正是群体智能解决产能过剩和过度消费两大问题，提高资源效率的重要手段。房子、汽车、家具、衣服、玩具……2017年之后，还有什么不能共享？不求拥有，只求所有的共享，对生活方式重新洗牌，消费观念发生转变。被移商全面赋能的未来商业，也许不再是买卖交换，而是价值共享。

◎新商业工具

尽管鼓励以冗余换取价值的共享，现在只是“亿万富翁、华尔街大鳄和风险投资家的游戏场”[1]。但共享所有对社会存量资源的激活、生产方式的创新，以及给人们生活带来的便捷等独特优势，让这场颠覆之战不断蔓延，进场的人越来越多，现在任何企业和个人都无法忽视，移商未来正因共享而改变。

如果说共享出行和共享空间是移动互联网驱动的共享经济1.0时代，而由共享单车这类浅层移动物联技术驱动的是共享经济2.0时代，那么在共享经济3.0时代，共享制造将成为新趋势。深圳宝安的Mould Lao众创空间里，动则百万元的大型设备上贴有标签，标注每小时使用费用；技工根据自身技术等级，自报身价领取订单；统一的财务、行政人员在一个办公室里为数十个团队服务。共享生产设备、厂房、技工、财务、品牌……各类服务碎片化供给，以积木式分工精准对接并完成订单信息。未来，越来越多企业通过外

1 [加]汤姆·斯利（Tom Slee）.《共享经济没有告诉你的事》[M].江西人民出版社，2017

包、合作、联盟等各种共享方式来完成业务，基于群体智能的共享制造将重塑社会生产分工方式。

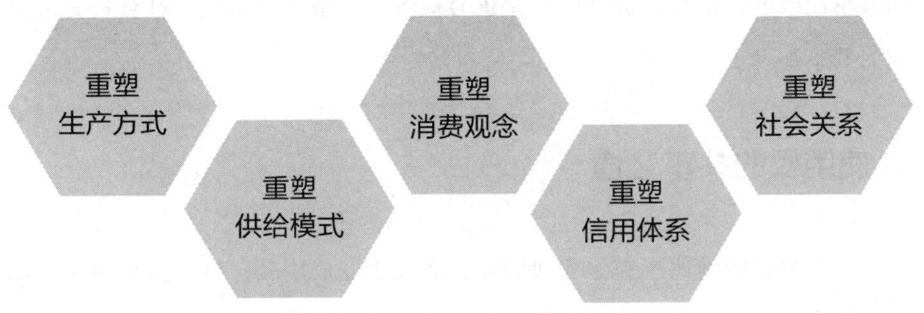

▲共享重塑商业观成为新商业工具

主张“物尽其用”的共享经济，相较于所有权，消费者会更愿意为使用时间买单。消费者共享成为商品新来源，一次消费终身占有的消费观念发生转变。未来，每件商品标注的都是使用单价，让当代人倍感压力的存钱买房会成为过去式，产权型商品房可能成为历史。未来，使用价值是每个人在消费时的衡量标准，消费观念被重塑，人人都将轻资产化。

共享更多的是陌生人之间的数字交易。Airbnb房主把空房间分享给旅居人，Airparking车位主人把空车位分享给陌生人，维基百科用户把掌握的知识分享给全世界有需求的人。以群体智能为依托的共享，拓宽每个人的选择空间，让信息在平等渠道互通，为充满隔阂的人际关系建立新连接，彼此之间的私信逐渐变成公信，信任体系被重构。未来，流通的货币是信任和社会资本，共享将改变人与人之间的关系，利他就是利己，信息充分透明，让人们更愿意为别人创造价值。

未来，共享将为每个人带来多元身份，重塑人的身份认同和价值归属；共享将给予人们更大的主动性来选择生活；共享将重新划分隐私界限；越来越多的产品和人将涌入共享赛道。

今天我们还称共享为商业模式，未来它将颠覆我们对商业的认知，像互联网一样，成为重要的新商业工具。企业（商家）与消费者两大商业主体将因共享而改变；信息与商品的壁垒也会被各种共享平台击破；社会资源也会因为共享得到更优配置。

◎使用权的共享之道

一件物品的价值不在于变成商品，而在于变成用品，且一直被使用甚至回收再利用，这才是价值链条的终结。传统经济模式下，要使用物品，先购买所有权，才能享有使用权。现在，使用权被分离，不再与所有权捆绑，不仅所有者能通过共享让未被充分使用的资产得到更充分的使用，还能选择不购买，直接与他人共同使用，使物品价值最大化。正如凯文・凯利（Kevin Kelly）所言，放弃物权的所有权而只需要使用权，这是一个必然的趋势。如何提高使用效率，是未来移商赋能商业的核心之一。

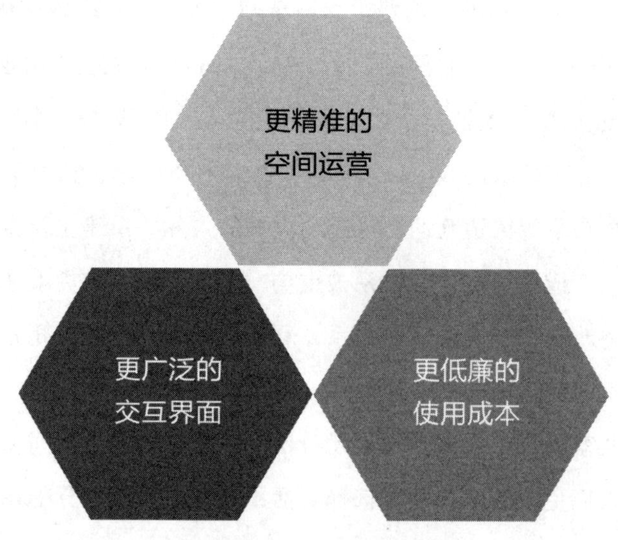

▲共享实现使用效率升级的路径

通用汽车执行副总裁赖瑞·伯恩斯（Larry Burns）认为，共享平台每增加1辆车，工厂就可以少生产15辆车。出让使用权的汽车在需求方之间不断流通，1辆车就能填补15辆车的使用时间，这是共享带动的价值流通，进而实现资源使用效率的升级。

更广泛的交互界面为共享扩增流通渠道。摩拜、ofo不仅把共享单车覆盖到城市巷弄、小镇街头，甚至国外，还与很多企业推出联名卡，并无缝接驳公交、专车等实现了出行路径的多元优化；同时对接支付平台，甚至与酒店、商场、写字楼、医院等线下商家服务连接，拓宽线上线下渠道，以丰富的交互方式，导入各种流量红利，为产品提供更多机会。

更精准的空间运营让流通路径大大缩短。以更少单车数量实现更高日均订单量的摩拜，一直结合骑行信息、城市规划布局、用户习惯等数据，做好车辆调度和摆放细节；以单车数量和使用距离的高度匹配，打通供需双方，实现商品与消费者的点对点流通；使用更便捷，车辆区域投放不冗余，资源使用效率自然越高。

更低廉的使用成本让进入门槛几近为零。以免押金、一元月卡等手段迅速占领市场的ofo，与图书馆的图书、公共出行的地铁一样，充分印证了以平台资源为主的共享经济，低廉成本是使用权流通的前提；而滴滴这类以用户资源为主的分享平台，商品拥有者也是供应者，根据供需双方信息数据快速匹配相似路径，最大化降低资源分享成本，也让消费者以更低的价格享受同等服务。这是滴滴补贴锐减后，顺风车服务依然向好，而专车服务却表现疲软的原因。只有更低成本，才能让流通频次增加。

当“交换价值”被“共享价值”取代，移商不再用“物物等价交换”来定义商业。使用价值成为消费者判断商品价值的依据，这种观念的集体转变让未来商业离不开共享的驱动。

| 移商赋能力 |

开放使用权，让共享在2017年呈现出惊人的爆发力。甚至有人断言，除了父母妻儿，没有什么不能共享。使用权大于所有权的共享，正在重构一个新商业世界。未来，如果我们都只为使用权买单，世界将会怎样？产能过剩的今天，消费观念已发生改变，提高资源使用效率的共享，必将颠覆我们未来的生活方式。

定制：重塑消费方式

“定制”这个词对应的商业活动，早在数千年前的农业社会就已经出现，那时候人们所使用的物品大多都是以定制形式制造生产的。工业社会的几百年里，价格低廉的批量生产为商业带来空前繁荣，定制转变为成本高昂、制作烦琐的高端消费形态。产能过剩的今天，崇尚个性化的消费意识觉醒，信息化让群体智能加速赋能商业，定制以另一种形式从底层复活，走向消费中心，再次成为商业焦点。

◎生产即消费

应对自我意识崛起，未来商业离不开群体智能。消费者意志被充分融入生产过程，这是定制的内核。过去，我们把消费者意志定义为某一群人的普遍想法，寻求种群化的消费认同，生产商、销售商、消费者存在明确的职能分工；未来，这三者的频繁互动让职能界限愈加模糊，每一个消费者都能为自己代言，用自己的需求、自己的智慧去影响甚至决定生产。

引导个体参与设计生产是个性化消费滋长的必然，也是定制经济消化复杂需求的重要手段。把主导权还给消费者是未来商品创新的趋向。iPhone X引导用户用自己的表情定制专属卡通动图，网易云音乐把用户制作的私人歌单变成平台精品，莱杯咖啡让用户自己动手泡咖啡……每个消费者也是该产品的生产者。鼓励消费者参与，为产品生产“出谋划策”，是利用群体智能实现个性匹配的必经之路。

不局限于单独个体的主张诠释，大规模定制中同样存在“生产即消费”。按照个体需求形成的群体消费订单，一步到位直接与生产端相连，数量、品种、规格、包装等要求清晰划分，生产商以销定产，为消费者定制所需产品。

互联网平台点对点连接生产端与销售端，汇集商家及消费者的次年订单，详细反馈给农产品原产基地；基地根据订单的数量、要求、地域等属性，来分解组织产品生产、资源调配、个性包装、物流输送等供应链环节。消费者按需定制，生产者以销定产，产能不再过剩，产品不再货不对口，真正实现生产即消费。

个体参与 以销定产

▲产销合一的两个取向

未来，我们消费的每一件商品都可以定制。根据手腕粗细和操作习惯定制的手环，根据肌肤状况和使用感受定制的私人护肤品，根据口味偏好定制的食堂套餐，根据学习能力定制的学历课程，按照心理期待发展定制的舞台剧。任何商品都能适应个性化需求，从物质到精神，没有什么不能定制的。

未来，定制是每件商品的消费和生产方式。我们都将因个性化定制需求，从消费者向生产者转移融合；而个性化定制也必然导致企业重塑供应链，重塑与消费者的交互方式，通过群体智能和大数据的应用，在个性和标准中寻求平衡，驱动企业走向更高效率的定制化。

◎未来定制的两个路径

给戒烟初见成果的烟民送上“戒烟标兵”靠枕以兹鼓励；给身高2米的篮球运动员，重新设计门窗家具；给偏爱数学还在上四年级的子女，编订专项补习课程；给相识纽约的小情侣，计划一次故地重游……小到相框、茶壶、手表，大到旅游、教育、汽车、房子，用定制实现个性需求，在生活中随处可见。以空前商业繁荣扼杀消费主体意志的工业化生产，进入过去时。

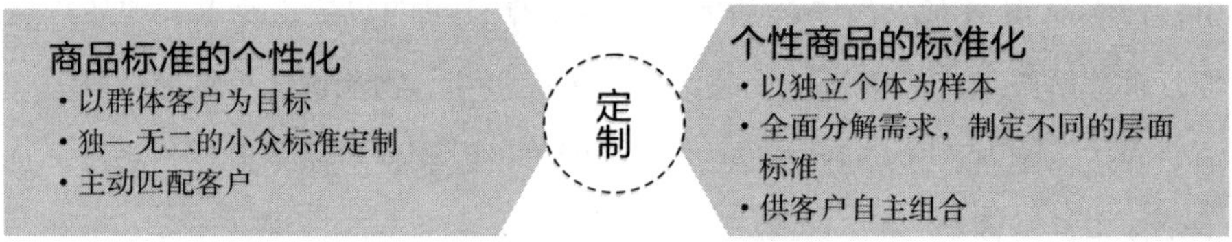

商品标准的个性化
- 以群体客户为目标
- 独一无二的小众标准定制
- 主动匹配客户

定制

个性商品的标准化
- 以独立个体为样本
- 全面分解需求，制定不同的层面标准
- 供客户自主组合

▲大规模定制的两种方法

不必改变自己适应别人，以用户为中心是供给侧改革的核心，而典型的做法就是按需定制。所谓按需定制，并非是对客户要求无原则地妥协。一种符合盈利要求的商业化定制，或是商品（服务）标准的个性化，去挖掘新需求，彰显客户个性，实现“超出用户期待的标准定制”；或是个性商品（服务）的标准化，通过标准化的规格组合来满足客户个性化需求，完成“非标产品的标准生产”。

泡制“加班不止加薪无望绿茶”“加油你是最胖的红茶拿铁”的丧茶，以个性“丧”文化引导顾客需求，用各种“丧”系标准产品来完成顾客的情绪表达；拥有“博物馆奇妙夜”“越狱”“机械公敌”等密室的Xcape，捕捉用户猎奇心理，以绝不雷同的情节设计标准为客户定制游乐产品。商品标准的个性化是以群体客户为目标，以独一无二的小众标准定制产品，升级甚至衍生出新的消费需求，主动匹配客户。

相反，个性商品的标准化则以独立个体为样本，试图通过大量个体数据的搜集，分解出全方位的需求指数，制定不同层面的标准，供客户自主组合。数据指向越精细，定制商品越符合用户需求。

红领西服按照不同身型的着装要求，以肩端点、肩颈点、第七颈椎点及中腰线为坐标，标注总肩宽、中腰位、上臂围等19个部位数据，形成量体标准，让标准制造也能完美匹配个性身材；NIKE的3D打印定制球鞋服务，整合足弓、脚背、脚掌、脚踝、走路习惯等数据，形成鞋底和鞋身两个定制标准，为每一双脚打造适合的鞋型，还能选择款式、花色、用料等规格组合。个性商品的标准化制造，每一道程序都以用户需求为先。

个性关乎客户需求的契合，标准关乎定制商品的量产，在个性与标准间找到最佳平衡，是未来商业必修课题。无论是商品标准的个性化，以越小众越流行的方法来调制商品秘方，还是个性商品的标准化，通过大数据驱动各种标准生成，以越精细越满意的方法来实现用户需求，都是以定制手段来赋能未来商业的路径。定制是消费者意识觉醒的必然，也是未来消费方式的必然。

移商赋能力

自由消费意识觉醒、信息化和生产力高度发达，是定制经济在未来领跑的前提。尊重个性的定制是商业的人性表达，把握好用户的“产销者”身份，是移商在未来商业中取得优势的关键。以盈利为第一目的的商业，可以尝试个性商品的标准化和商品标准的个性化这两条路径，让复杂的个性实现规模定制，带来效益提升。

协同：重塑全球价值链

蚂蚁总能找到最短的食物搬运路径；蝙蝠在狭窄的洞穴中快速飞行，可以互不碰撞；大雁自动排成人字形，利用上升气流在空中滑翔，为长途飞行节省体力。通过协同合作，群居性动物表现出宏观智能，创造出1+1＞2的高效。区别于明确的个体分工，以群体组织驱动的协同正在重塑全球价值链，推动组织效率升级，也是群体智能应用的重要路径。

◎真正的全球化

全球陆续有130多个国家参与到中国的“一带一路”建设中；缅甸的港口工业区涌来全球精英梯队；巴基斯坦的小城项目收到远在英国自由设计师的模型方案；摩洛哥的家庭小作坊，也能把艺术品卖到欧洲人的客厅。全球化正在从少数国家、少数大企业参与，向各国、各行业、各企业全面渗透。

从大航海时代的全球化1.0，到英国主导的全球化2.0，到美国主导的全球化3.0[1]，再到跳出国别与区域，以产业、企业的全球互联协同为特征，以全球价值链构建为路径的全球化4.0，边缘向中心聚拢，资源走向深度整合，文化走向高度混合，商业标准走向统一，全球化的未来正向我们走来。

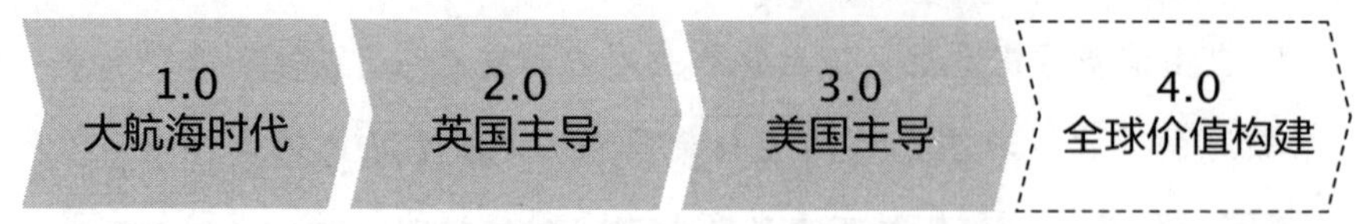

▲全球化的四个阶段

1 邵宇，秦培景，《全球化4.0，中国如何重回世界之巅》，广西师范大学出版社，2016

未来，每一个人都可以是国际劳工。社会分工走向碎片化，每件商品的完成都是国际合作的成果，每个人都是全球价值链上的重要一环。擅长写代码的程序员，也许刚刚完成非洲某个新开的连锁旅社订单后，马上又要参与IBM的大项目；村上闲散的农妇手工编织的帽子，可能是来自英国的订单；边远小镇的家宅，最后使用的是德国设计师给出的方案；工资账号里不再只有人民币，还会汇入美元、英镑、泰铢等各种货币。在全球价值链中，每个人的价值被重新定义，从边缘走向中心，从职业走向专业。

未来，每一个企业都是跨国公司。一支彩色铅笔，木材来自美国，笔芯来自墨西哥，橡皮头来自马来西亚，制造设计则在中国完成；乡镇妈妈们特制的辣酱，成为巴西人的午餐必备，还被非洲老铁当作礼物送给丈母娘。技术赋予全球资源深度整合的能力，物流系统、支付系统、资源交互平台等日渐完善，小企业也能走出国门，在全球人才库、资源库中搜索资源，做到质量效率的最大化。

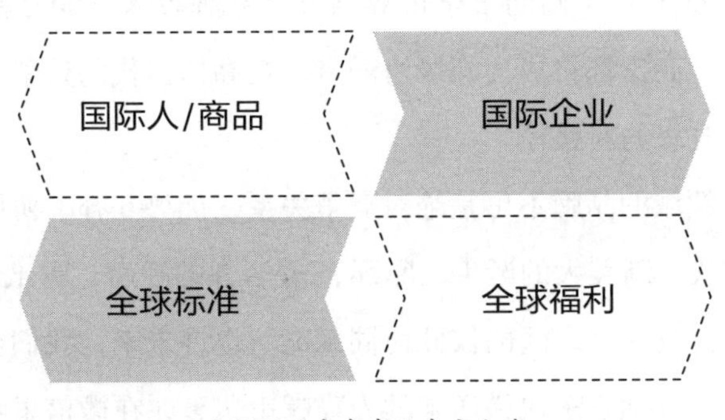

▲协同让未来商业走向全球

未来，每一个行业都执行全球标准。征信体系不再各执一词，在加拿大存在信用瑕疵的企业，到马来西亚同样拿不到贷款；未通过欧洲环保标准的产品，在中国同样不能达标；我们呼吸的空气都被精确计算，每个人能排放多少碳都有严格的统一规定。为企业和个人的全球协作创造公平环境，降低经济不确定性，废除旧秩序，这让全球价值链的行业标准越来越趋向统一。

未来，每一次创造都是为了全球福利。一个世界的全球意识正在觉醒，发展中国家也深度参与进来。高效共享公共资源、限制气候变化、维护空气质量、避免耗尽海洋资源、有效利用网络通信等将成为人类社会共同的课题。商业将越来越社会化，全球公共成本成为新商业的一个衡量指标。

在全球价值链这种高级形态中，走向全球化的商业，想要继续把握话语权，更要懂得利用群体智能来实现全球高效协同。

◎超级协同者

全球价值链的深入开启，群体智能得以充分参与，各种协同式平台成为资源高效的聚合地。名创优品开放产品研发资源，构建设计协同链，给予全球设计师公平的竞争机会，创造出3000多个SKU[1]；据阿里巴巴官方统计，2017年天猫“双十一”调动了全世界14万个品牌投入1500万种商品共同参与。任何企业、商家都将成为超级协同者。在高速迭代的残酷现实下，深度协同才是商业升级的新路径。

身处同一领域的品牌不再是绝对竞争关系，优势互补、协同获取利润空间将成为新方式。新美大的诞生，摩拜、ofo合并的呼声，腾讯音乐与Spofity的换股谈判，都是品牌之间的彼此协同赋能。也许未来，我们会坐上宝马与奔驰的合作款，收到京东快递送来的天猫超市包裹，在微信里收到朋友发来的支付宝红包。你中有我，我中有你，每个品牌的最强优势都能在协同中得到最大化利用。

---

1 木鱼，陈新生.《名创优品：模仿我们的都只能赚些小钱》[N]. 联商网，2017-07-20

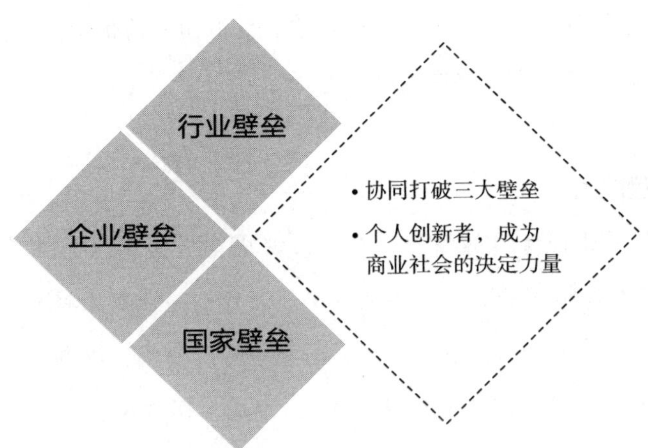

▲任何企业、商家都将打破壁垒，成为超级协同者

不同行业之间的界限被模糊，各种跨界大协同横空出世。无论是滴滴主动染指外卖，与饿了么组团出街；还是腾讯联合政府，建立智慧住房租赁平台，都是经济体赋能、全社会合作的趋势。未来，Uber车主除了接受被平台分配的“运输乘客”的任务之外，也能在不受中心平台制约的独立节点开展短租车、短途货运、婚庆用车、驾驶培训等与汽车相关的业务。群体智能协同效应让行业壁垒消失，每个涉局者都能走出陌生困境。

未来，任何企业都不再有国别意识，“世界制造”取代“中国制造”“美国制造”“德国制造”。全球生产和流转将在各行各业发生，每个企业、商家都在全球范围内调度使用资源，人人都是超级协同者。

个人创新者成为社会商业的决定性力量，各种民间智慧不断破土而出，上海老人的逃生滑梯构思也能成为美国建筑消防的设计标准。在协同的全球价值链中，那些个人创新者将成为未来商业的破局者。打造连接平台，赋能个体创新，将成为协同化商业的共同路径。

对于移商而言，在全球化协同的大趋势下，首先要做的就是调整价值取向，从盲目竞争走向高效协同。在时代的各种不平衡和不确定中，懂得借力，以群体智能的协同，降低前进的风险，获取协同价值取向，打开内外部边界，才是成就未来商业格局的必要选择。

移商赋能力

随着全球价值链的深化，全球公共成本成为未来商业的衡量指标，群体智能协同成为未来商业的必然路径，商业越来越社会化。只有突破个人、组织、企业、行业、国家等界限偏见，以群体智能协同方式去连接不同经济体（包括个人），形成协同效率，终有一天我们会成就未来。

结束语
Peroration

一切未完待续

列车呼啸而过，作为乘客我们身处其中，已经习惯这种速度。但当我们跳出来，站在宏观的高度观察它，必将惊叹于这种速度与共振。过去10余年，移动互联网的发展、移商新物种的成长，就是这样一种状态。这也是我们在编撰这本书，梳理移商过去、现在、未来的整个过程中，最大的一点感悟。

数字化技术以指数速度不断掀起波澜，这是今天社会经济发展中的一个必然趋势。每一年都会冒出一些新的企业与新的力量，推动着商业的蜕变升级。一切在今天被证明过的成功经验、商业模式，在高速发展的技术演变中，在未来都将一步步变成陈旧的过去，颠覆、打破、迭代、失控等成为常识性认知。

变革从来不会以我们的意志为转移，美国著名遗传学家西奥多·帕克（Theodore Parker）说，“天际广阔，我极目远眺，视野依然有限”。对于移商而言，移动互联绝不会是终点，人工智能甚至万物互联可能也都不是。真正的终点是什么，或许没有人能够准确预言。在这个过程中，它唯一能做的，就是不断改进基因，以超强的成长性和无限的可能性，赋能商业持续升级。而身在局中，我们能做的，就是观察它、记录它，并且帮助它不断成长。

作为本书编撰人，天搜所扮演的正是这样一个角色。如果说，移商正通过自身独特的DNA不断赋能中国商业升级，那天搜公司则在不断赋能移商这个新物种的成长。只要移商新物种的扩张本能在延续，这两种赋能就始终未完待续……

后记
Afterword

天搜移商那些事儿

天搜，提出并布道“移商”13年。13年来，企业提供的产品服务随时代、产业的发展多有变革，有成功亦有失败。直至今日，作为一家互联网产业链综合服务商，天搜始终怀抱着一个中心——“移商生态”，不忘初心，砥砺前行。

看看天搜移商路上的那些片段镜头。

国外取经，引领国内新型移商模式

▲2008年7月，天搜受浙江省政府考察团邀请赴日韩两国考察交流
（二排右三：天搜董事长石高涛）

移商培训，为上万家企事业单位指点移动互联网发展方向

▲2014年11月，天搜副董事长何曙光走进渤海银行，为银行高管开展移动互联网金融专题培训，指点移动互联网浪潮下传统企业的发展方向

▲2016年4月，在浙江省中小企业协会二届一次代表大会上，天搜董事长石高涛发表演讲，向中小企业传授“互联网+”实战经验

媒体布道，分享移商创业经验

▲2015年3月，浙江卫视《华商启示录》栏目组特别邀请天搜董事长石高涛（右），
与青年追梦人面对面分享创业经验

▲2016年12月，移动互联网创新论坛上，
新华社、中国蓝TV等媒体对天搜副董事长何曙光进行专访

产教融合，教学相长

▲2015年12月，天搜与浙江大学经济学院高培中心达成战略合作，
挂牌成立浙江大学“互联网+教学基地”，深度展开产业研究与实战学习

业界交流，论道移动互联网创业未来

▲2016年12月，天搜携手《浙商》杂志主办移动互联网创新论坛，
与众多创客、行业大咖论道移动互联网跨界创业机遇
（左起：天搜副董事长何曙光、浙江大学教授金小刚、滴滴出行区总黄进、
硅谷天堂董事长徐刚、码上火CEO陈跃平）

▲2017年8月，IBM华东区服务总监张展、浙银资本的李俊勇、
携宁科技副总裁赵哲华等前来交流，共同探讨“人工智能及行业智能场景分享”

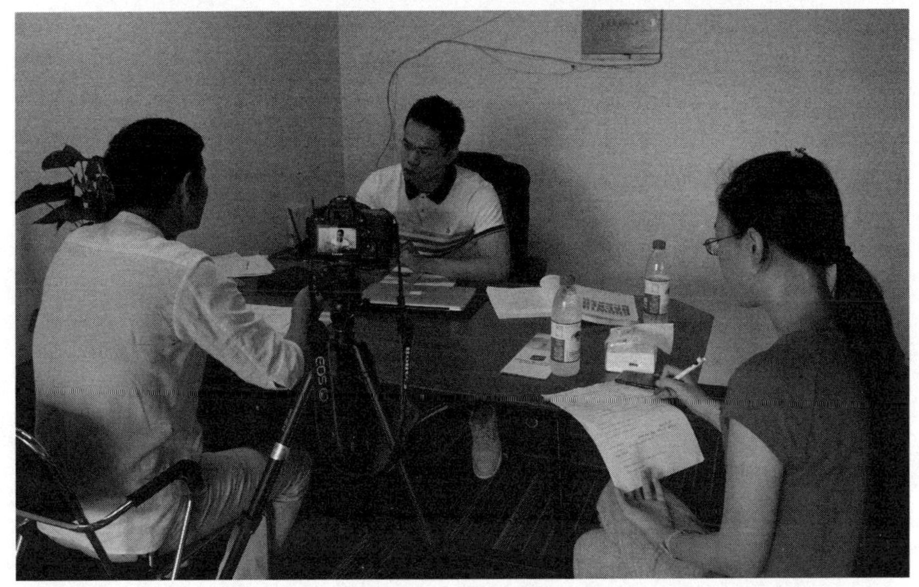

▲2017年9月，天搜“孵化匠心 · 寻找创业同行者”活动走访创业者，
与创业者交流，推动更多科技创新型创业项目落地发展